Transformações da Consciência

Ken Wilber

Transformações da Consciência

O ESPECTRO DO
DESENVOLVIMENTO HUMANO

Tradução
SÔNIA MARIA CHRISTOPHER

EDITORA CULTRIX
São Paulo

Título original: *Transformations of Consciousness – Conventional and Contemplative Perspectives on Development.*

Copyright © 1986 Ken Wilber.
Publicado mediante acordo com Shambhala Publications, Inc.
P.O. Box 308 — Boston, MA 02117, USA.

Todos os direitos reservados. Nenhuma parte deste livro pode ser reproduzida ou usada de qualquer forma ou por qualquer meio, eletrônico ou mecânico, inclusive fotocópias, gravações ou sistema de armazenamento em banco de dados, sem permissão por escrito, exceto nos casos de trechos curtos citados em resenhas críticas ou artigos de revistas.

A Editora Pensamento-Cultrix Ltda. não se responsabiliza por eventuais mudanças ocorridas nos endereços convencionais ou eletrônicos citados neste livro.

O primeiro número à esquerda indica a edição, ou reedição, desta obra. A primeira dezena
à direita indica o ano em que esta edição, ou reedição foi publicada.

Edição	Ano
6-7-8-9-10-11-12-13-14	11-12-13-14-15-16-17

Direitos de tradução para a língua portuguesa
adquiridos com exclusividade pela
EDITORA PENSAMENTO-CULTRIX LTDA.
Rua Dr. Mário Vicente, 368 – 04270-000 – São Paulo, SP
Fone: 2066-9000 – Fax: 2066-9008
E-mail: atendimento@pensamento-cultrix.com.br
http://www.pensamento-cultrix.com.br
que se reserva a propriedade literária desta tradução.
Foi feito o depósito legal.

Nota da Editora

Os três artigos de Ken Wilber que constituem o texto deste livro foram publicados separadamente nos n?? 1 e 2 do vol. 16 de *The Journal of Transpersonal Psychology* e depois, ampliados, passaram a integrar o volume publicado com o título geral de *Transformations of Consciousness*, editado pela Shambhala Publications, Inc., tendo como co-autores Daniel P. Brown, John T. Chirban, Jack Engler, Mark D. Epstein e Jonathan D. Lieff.

Ken Wilber, geralmente considerado o fundador da psicologia do espectro, é autor de vários livros e de algumas centenas de artigos sobre psicologia, psiquiatria, sociologia, filosofia e religião.

Dele, a Editora Cultrix publicou *A Consciência sem Fronteiras, O Espectro da Consciência, O Paradigma Holográfico e Outros Paradoxos* e *Um Deus Social.*

Sumário

NOTA DA EDITORA 5

APRESENTAÇÃO 11

PARTE I: O ESPECTRO DO DESENVOLVIMENTO 13

1. O espectro da consciência.. 15
   As estruturas básicas 16
   Os estágios de transição (ou estágios do *self*) 25
   O sistema do *self* 27
   Resumo do desenvolvimento global 30

2. O *background* convencional 35
   As dimensões do desenvolvimento em psicopatologia 36
   Desenvolvimento infantil: o trabalho de Margaret Mahler 38
   O fulcro do desenvolvimento: o trabalho de Blanck & Blanck 42
   O espectro dos fulcros de desenvolvimento 47
   Recapitulação. Síntese das diferentes teorias 51
   A hierarquia convencional da patologia: o trabalho de Otto
       Kernberg 52
   Resumo 56

PARTE II: O ESPECTRO DA PSICOPATOLOGIA 61

3. As patologias pré-pessoais 63
   Fulcro 1 — 1a: Psicoses autistas
                1b/c: Psicoses simbióticas infantis

Grande parte das esquizofrenias em adultos
Psicoses depressivas 64
Fulcro 2 — 2a: Distúrbios da personalidade narcisista 64
2b: Distúrbios da personalidade limítrofe 66
Fulcro 3 — 3a: Neurose limítrofe 67
3b: Psiconeuroses 67

4. As patologias pessoais 71
Fulcro 4 A patologia de *script* cognitivo e o *self* de papéis 72
Fulcro 5 Neurose de identidade 73
Fulcro 6 Patologia existencial 74

5. As patologias transpessoais 79
Fulcro 7 Distúrbios psíquicos 80
Fulcro 8 Distúrbios sutis 83
Fulcro 9 Distúrbios causais 85

PARTE III: MODALIDADES DE TRATAMENTO 89

6. Modalidades de tratamento 91
Fulcro 1 (Psicoses): Intervenção fisiológica 92
Fulcro 2 (Distúrbios narcisistas limítrofes): Técnicas
de construção de estrutura 92
Fulcro 3 (Psiconeuroses): Técnicas de revelação 95
Fulcro 4 (Patologia de *script*): Análise de *script* cognitivo 96
Fulcro 5 (Neurose de identidade): Introspecção 99
Fulcro 6 (Patologia existencial): Terapia existencial 102
Fulcro 7 (Patologia psíquica): O Caminho dos Yogues 104
Fulcro 8 (Patologia sutil): O Caminho dos Santos 109
Fulcro 9 (Patologia causal): O Caminho dos Sábios 111

7. Tópicos relacionados 114
Diagnóstico diferencial 114
Sistemas COEX 116
Narcisismo 117

Sonhos e psicoterapia 121
Meditação e psicoterapia 123
Meditação e interiorização 127

CONCLUSÃO 130

NOTA À PARTE I 132

BIBLIOGRAFIA 137

Apresentação

Numa série de publicações (Wilber, 1977; 1979; 1980a; 1981a; 1981b; 1983), tenho tentado aprofundar um modelo global (ou de espectro) de psicologia, que seja de desenvolvimento, estrutural, hierárquico, orientado para os sistemas, e que também se inspire igualmente nas escolas oriental e ocidental. Com relação à psicopatologia, a conclusão a que cheguei é que o espectro da consciência é também o espectro (possível) da patologia. Se a consciência se desenvolve através de uma série de estágios, então uma "lesão" de desenvolvimento num determinado estágio se manifestaria como um tipo específico de psicopatologia, e uma compreensão da natureza do desenvolvimento da consciência — suas estruturas, estágios e dinâmica — seria indispensável tanto para o diagnóstico quanto para o tratamento.

Essa apresentação, portanto, oferece um *resumo* tanto do meu trabalho anterior nessa área quanto de um trabalho atual em andamento (*System, Self and Structure*). Este é um empreendimento um tanto arriscado, já que grande quantidade de material precisa ser condensada em declarações bastante generalizadas e às vezes simplificadas em excesso. Dentro dessas limitações, entretanto, o que se segue é uma breve visão geral dessa pesquisa e teoria. Leitores interessados em apresentações mais detalhadas podem querer consultar outros trabalhos meus.

Esta apresentação reflete a minha convicção, cada vez maior, de que a teoria do desenvolvimento pode se beneficiar tanto da contribuição dos conceitos psicodinâmicos convencionais quanto das abordagens transpessoais. Ligações entre orientações aparentemente tão diferentes podem agora ser produtivas, conforme trabalhos recentes em ambas as áreas. De fato, uma compreensão adequada de toda a variedade das capacidades humanas, da mais baixa à mais alta, pode exigir uma concepção combinada e integrada — não menos compreensível do que o modelo aqui definido.

PARTE I

O Espectro do Desenvolvimento

CAPÍTULO 1

O Espectro da Consciência

No modelo de desenvolvimento psicológico que propus, as estruturas ou formações da psique são divididas em dois tipos gerais: as estruturas básicas e as estruturas de transição (cada qual apresentando numerosas linhas de desenvolvimento). As *estruturas básicas* são as que, ao aflorar no desenvolvimento, tendem a permanecer existindo como unidades ou subunidades relativamente autônomas no decorrer do desenvolvimento subseqüente (semelhantes aos "holons" de Koestler). *Estruturas de transição*, por outro lado, são estruturas de fase específica e de fase temporária que tendem a ser mais ou menos inteiramente substituídas pelas fases de desenvolvimento subseqüentes. Isto é, quando estruturas básicas específicas tendem a ser pressupostas, incluídas ou subordinadas no desenvolvimento subseqüente, as estruturas de transição específicas tendem a ser negadas, dissolvidas ou substituídas por um desenvolvimento subseqüente (darei abaixo diversos exemplos). Negociando esses desenvolvimentos estruturais está o *self* (ou sistema do *self*, que é o ponto de identificação, volição, defesa, organização e "metabolismo"

("digestão" da experiência em cada nível do crescimento e desenvolvimento estrutural).

Estes três componentes — 1) as estruturas básicas, 2) os estágios de transição, e 3) o sistema do *self*— são fundamentais para o modelo de espectro do desenvolvimento e da patologia; por isso, apresentarei uma análise de cada um.

As Estruturas Básicas

A característica mais notável de uma estrutura básica ou de um nível de consciência básico é que, uma vez que ele emerja no desenvolvimento humano, ele tende a *permanecer existindo* na vida do indivíduo durante o desenvolvimento subseqüente. Apesar de finalmente ser transcendido, pressuposto e subordinado pelo movimento ascendente do *self* em direção a estruturas básicas superiores, ainda assim conserva uma relativa autonomia e uma independência funcional.

As estruturas básicas da consciência são, na realidade, aquilo que é conhecido como a Grande Cadeia do Ser (Smith, 1976). Algumas versões da Grande Cadeia falam de dois níveis apenas (matéria e espírito); outras de três (matéria, mente e espírito); e outras de quatro ou cinco (matéria, corpo, mente, alma e espírito). Algumas são muito sofisticadas, e falam literalmente de dezenas de estruturas básicas do espectro global.

Em *Sistema, Self* e *Estrutura* (e, num nível menos preciso, no *Projeto Atman* e em *Olho no Olho*), apresento diversas estruturas básicas que parecem, neste momento, genuinamente pertencentes a várias culturas e universos. Chegou-se a elas por uma análise e comparação cuidadosas da maioria das principais escolas de psicologia e religião, tanto do Leste quanto do Oeste. Os modelos *estruturais* de Freud, Jung, Piaget, Arieti, Werner, etc., foram comparados e contratados com os modelos estruturais apresentados nos sistemas psicológicos das tradições contemplativas do mundo inteiro (Mahayana, Vedanta, Sufi, Cabala, Misticismo Cristão, Platonismo, Aurobindo, Free John, etc.). A partir dessas comparações estruturais, foi construído um modelo com cada tradição (do Leste ou do Oeste) que se encaixa perfeitamente nas diversas "lacunas" deixadas pelas outras.

Esse modelo padrão contém, como eu disse, um sem-número de estruturas básicas, que abrangem tanto o desenvolvimento convencional quanto o contemplativo. Para esta apresentação selecionei as nove estruturas que parecem centrais e funcionalmente dominantes. Elas estão representadas na Figura 1. Na Tabela 2, apresentei algumas relações (com Aurobindo, Psicologia Yogue, Mahayana e Cabala) para dar uma idéia geral da visível universalidade dessas estruturas mais importantes (o *Projeto Atman* fornece relações semelhantes entre mais de vinte sistemas, ocidentais e orientais, bastante aprimorados em *Sistemas, Self e Estrutura*).

As estruturas básicas do desenvolvimento da consciência, mostradas na Fig. 1, podem ser brevemente (de um modo um tanto simplista) delineadas como se segue (subindo na hierarquia):

1. *Sensorifísico* — O reino da matéria, da sensação e da percepção (os três primeiros *Skandhas* budistas); o nível sensorimotor de Piaget, físico-sensorial de Aurobindo, etc.

2. *Fantasmagórico-emocional* — O nível emocional-sexual (o revestimento da bioenergia, o *élan vital*, a libido ou *prana*; o quarto *skandha* budista, o *pranamayakosa* do Vedanta, etc.) e o nível fantasmagórico (termo cunhado por Arieti [1967] para a mente inferior ou de *imagem*, a forma mais simples de "visualização" mental, usando apenas imagens).

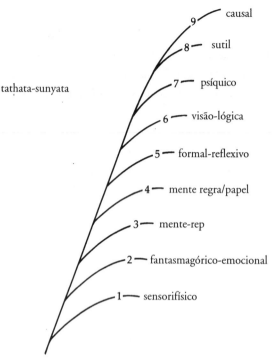

FIGURA 1
AS ESTRUTURAS BÁSICAS DA CONSCIÊNCIA

3. *Mente-rep* — Uma abreviatura para "mente representativa", ou o pensamento pré-ocidental de Piaget ("preop"). A mente-rep se desenvolve em dois estágios — o estágio de *símbolos* (2-4 anos), e o estágio de *conceitos* (4-7 anos) [Arieti, 1967; Piaget, 1977]. Um símbolo vai além de uma simples imagem (a mente fantasmagórica) nasce neste ponto essencial: uma imagem representa pictoricamente um objeto, ao passo que um símbolo pode representá-lo não pictoricamente ou verbalmente. Assim, por exemplo, a imagem mental de uma árvore se parece mais ou menos com uma árvore real, ao passo que a palavra-símbolo "á-r-v-o-r-e" não se parece de jeito

nenhum com uma árvore; a representação simbólica é uma operação cognitiva, mais difícil e mais sofisticada. Um *conceito* é um símbolo que representa não apenas um objeto ou ato mas uma *categoria* de objetos ou atos — uma tarefa cognitiva ainda mais difícil. Um símbolo denota; um conceito conota. Mas não importa o quanto a mente-rep está avançada com relação à precedente mente fantasmagórica, uma de suas características mais marcantes é que ela *não pode desempenhar facilmente o papel de outra*. Ela ainda é, como diria Piaget, muito egocêntrica. Isso é muito parecido com a "mente-vontade" de Aurobindo, com o terceiro chakra da psicologia yogue, etc.

4. *Mente regra/papel* — Este é, por exemplo, o pensamento operacional concreto de Piaget (*conop*). A *conop*, ao contrário de sua antecessora mente-rep, pode começar a assumir o *papel* de outras. É também a primeira estrutura que pode muito claramente realizar operações de *regras*, tais como multiplicação, divisão, inclusão de categorias, hierarquização, etc. (Flavell, 1970; Piaget, 1977). Aurobindo descreve essa estrutura como a mente que opera com objetos sensoriais ou concretos — de modo muito semelhante a Piaget.

5. *Mente formal-reflexiva* — Esse é essencialmente o pensamento operacional formal de Piaget ("formop"). É a primeira estrutura que não só pode pensar acerca do mundo mas também pensar acerca do pensamento; portanto, é a primeira estrutura claramente auto-reflexiva e introspectiva (apesar de isso começar de forma rudimentar com a mente regra/papel). É também a primeira estrutura capaz de raciocínio hipotético-dedutivo ou proposicional ("se *a*, então *b*"), que, entre outras coisas, lhe permite ter visões genuinamente pluralistas e mais universais (Flavell, 1970; Piaget, 1977; Wilber, 1982). Aurobindo chama esse nível de "mente de raciocínio", uma mente que não está limitada a objetos sensoriais ou concretos, mas que apreende e opera *relacionamentos* (que não são "coisas").

TABELA 1

CORRELAÇÃO ENTRE AS ESTRUTURAS BÁSICAS DE CONSCIÊNCIA EM QUATRO SISTEMAS

ESTRUTURAS BÁSICAS	AUROBINDO	MAHAYANA	CHAKRAS YOGUES	CABALA
Sensorifísico	Subconsciente físico		1. Mundo físico e instintos; fome/sede	Malkuth
Fantasmagórico-emocional	Vital-emocional		2. Nível emocional-sexual	Yesod
Mente-rep	Mente-vontade (conceitos inferiores; cf. "preop")	5 vijnanas (os 5 sentidos)	3. Mente intencional; poder	
Mente Regra/papel	Mente-sentidos (uma mente baseada no concreto; cf. "conop")	Manovijnana (a mente reflexiva concreta; coordena os sentidos)	4. Mente-comunitária; amor	Hod/Netzach
Mente formal-reflexiva	Mente do raciocínio (não baseada no concreto; cf. "formop")		5. Mente racional-verbal; comunicação	
Visão-lógica	Mente-superior (massa-rede; Ideação/visão)	Manas (a mente superior; condutora entre a mente individual e alaya-vijnana ou mente coletiva)		Tiphareth
Psíquica	Mente iluminada		6. Ajna; "terceiro olho"; cognições psíquicas	
Sutil	Mente intuitiva	Tainted-alayavijnana (mente coletivo-arquetípica; vasanas-seminais)	7. Sahasrara; coroa; início dos "chakras" superiores além e dentro de sahasrara	Geburah/Chesed Binah/Chokmah
Causal	Mente superior	Alaya Pura	Shiva/Paramatman	
Último	Supermente			Kether

6. *Visão-lógica* — Muitos psicólogos (por ex., Bruner, Flavell, Arieti) observaram que existem muitas evidências sobre uma estrutura cognitiva além da "operacional formal" de Piaget ou superior a ela. Ela foi chamada de "dialética", "integrativa", "sintética-criativa", e assim por diante. Prefiro o termo "visão-lógica". De qualquer modo, parece que, onde quer que a mente formal estabeleça relacionamentos, a visão-lógica estabelece *redes* desses relacionamentos (*i. e.,* assim como *formop* "opera sobre" *conop*, a visão-lógica "opera sobre" *formop*). Essa lógica panorâmica ou de visão apreende uma rede de idéias, a forma como elas influenciam umas às outras e como se relacionam entre si. É, assim, o início da verdadeira capacidade superior de sintetização, de fazer conexões, relacionar verdades, coordenar idéias, integrar conceitos. Curiosamente, isso é quase exatamente o que Aurobindo chamou de "mente superior" que "pode expressar-se livremente em idéias simples, mas cujo movimento mais característico é a ideação de massa, um sistema ou totalidade de visão da verdade numa única olhada; os relacionamentos de idéia com idéia, de verdade com verdade, de ver a si mesmo no todo integrado". Isso, obviamente, é uma estrutura altamente *integrativa*: realmente, na minha opinião, é a estrutura integrativa mais elevada no reino *pessoal;* além dela, estão os desenvolvimentos transpessoais.

7. *Psíquico* — O nível psíquico pode ser visto como a culminação da visão-lógica e da introvisão visionária; talvez seja mais acertado compará-lo ao sexto chakra, o "terceiro olho", que dizem assinalar o início ou a abertura do desenvolvimento transcendental, transpessoal ou contemplativo: as capacidades cognitivas e perceptuais do indivíduo tornam-se aparentemente tão pluralistas e universais, que começam a "alcançar além" de qualquer perspectiva ou preocupação. estritamente pessoal ou individual. De acordo com a maioria das tradições contemplativas, nesse nível o indivíduo *começa* a aprender a inspecionar muito sutilmente as capacidades cognitivas e perceptuais

da mente, e nessa medida começa a *transcendê-las*. Essa é a "mente iluminada" de Aurobindo, os "estágios preliminares" da meditação no Hinduísmo e Budismo, etc. De acordo com Aurobindo:

> O poder perceptual de visão interior (psíquica) é maior e mais direto do que o poder perceptual de pensamento. Como a mente superior [ou seja, a visão lógica] traz uma consciência maior para o ser do que a idéia e seu poder de verdade [*formop*], assim também a mente iluminada [nível psíquico] traz uma consciência ainda maior através de uma visão da Verdade e de uma Luz da Verdade e do seu poder de ver e compreender; ela ilumina a mente-pensamento com uma visão e inspiração interior direta; ela pode incorporar um contorno revelador mais aprimorado e evidente e uma maior compreensão e poder de totalidade do que a concepção-pensamento pode fazer.

8. S*util* — Dizem que o nível sutil é o lugar dos verdadeiros arquétipos, do mundo das formas de Platão, dos sons sutis e iluminações audíveis (*nada, shabad*), da introvisão e absorção transcendentes (Aurobindo; Da Free John, 1977; Evans-Wentz, 1971; Guénon, 1945; Rieker, 1971). Algumas tradições, tais como o Hinduísmo e a Gnose, afirmam que, de acordo com a apreensão fenomenológica, esse nível é o lar da forma-divindade pessoal (*ishtadeva* no Hinduísmo, *yidam* em Mahayana, *demiurgo* na Gnose, etc.), apreendida num estado chamado *savikalpa samadhi* no Hinduísmo (Blofeld, 1970; Hixon, 1978; Jonas, 1958). No Budismo Theravadin, esse é o reino dos quatro "*jhanas* com forma", ou os quatro estágios de meditação com o concentrar-se nos "planos de iluminação" ou "reinos de Brahma" arquetípicos. Na meditação *vipassana*, esse é o reino-estágio do pseudonirvana, o reino da iluminação e êxtase e do início da introvisão transcendental (Goleman, 1977; Nyanamoli, 1976). É a "mente intuitiva" de Aurobindo; *geburah* e *chesed* na Cabala, e assim por diante. (Meus motivos para concluir que todos esses fenômenos partilham a mesma *estrutura profunda* da consciência de nível sutil são descritos em *Olho no Olho* [Wilber, 1983].)

9. *Causal* — O nível causal é considerado a fonte não-manifesta ou o terreno transcendental de todas as estruturas menores; o Abismo (Gnose), o Vazio (Mahayana), o Sem Forma (Vedanta) (Chang, 1974; Deutsche, 1969; Jonas, 1958; Luk, 1962). Este nível é percebido num estado de consciência conhecido como *nirvikalpa samadhi* (Hinduísmo), *jnana samadhi* (Vedanta), a oitava das dez figuras do pastoreio espiritual (Zen); o sétimo e oitavo *jhanas*; o estágio de introvisão sem esforço, que culmina no *nirvana* (*vipassana*); a "Supermente" de Aurobindo (Da Free John, 1977; Goleman, 1977; Guénon, 1945, Kapleau, 1965; Taimni, 1975). Alternativamente, esse estágio é descrito como um *self* universal e sem forma (Atman), comum a todos os seres (Hume, 1974; Schuon, 1975). Aurobindo: "Quando a 'Supermente' [causal] desce, a predominância da sensação de identidade central é inteiramente subordinada, fica perdida na amplidão do ser e finalmente é abolida; uma percepção cósmica expandida pela sensação de um *self* universal sem limites toma o lugar dela... uma consciência ilimitada de unidade que permeia tudo... um ser que é, em essência, uno com o *Self* Supremo."

10. *Último* — Passando completamente pelo estado de cessação ou não-manifestação de absorção causal, diz-se que a consciência finalmente redesperta para a sua permanência anterior e eterna como Espírito absoluto, radiante e penetrante, um e muitos, único e todo — a completa integração e identidade entre a Forma manifesta e a Ausência de Forma não-manifestada. Isso é clássico *sahaj* e *bhava samadhi*; o estado de *turyia* (e *turiyatita*), Consciência absoluta e inqualificável como Tal, a "Supermente" de Aurobindo, a "Mente Única" do Zen, Brahman-Atman, a *Svabhavikakaya* (Chang, 1974; Da Free John, 1978; Hixon, 1978; Kapleau, 1965; Mukerjee, 1971). Estritamente falando, o último nível não é um estágio entre outros, mas a realidade, condição ou essência de todos os níveis. Por analogia, o papel no qual a Fig. 1 está desenhada representa esse terreno fundamental de vazio.

Permitam-me fazer alguns comentários adicionais sobre esses níveis, particularmente sobre os estágios mais elevados ou transpessoais (do 7 ao 10). Em *Sistema, Self e Estrutura*, mencionei sete estágios transpessoais (psíquico inferior e superior, sutil inferior e superior, causal superior e inferior, e último), cada qual dividido em três subestágios (principiante ou aspirante, praticante ou iniciado e avançado ou mestre), para um total de 21 estágios contemplativos (de modo semelhante, há um sem-número de estágios e subestágios inferiores e intermediários, que foram condensados aqui em sete níveis maiores). Entretanto, eu realmente acredito que os nove níveis mais importantes, que apresentamos na Fig. 1, são *funcionalmente dominantes ao longo do processo de desenvolvimento*, e que uma descrição do desenvolvimento que pretenda ser exaustiva e razoavelmente acurada só pode ser apresentada com esses nove níveis gerais. Em outras palavras, sua seleção não é inteiramente arbitrária (há considerável apoio na *philosophia perennis* para essa "condensação funcional". O Vedanta, por exemplo, afirma que as dezenas de estágios de desenvolvimento geral são funcional e estruturalmente dominados por apenas cinco níveis principais, e esses, por sua vez, são condensados e manifestados em apenas três níveis fundamentais: denso, sutil e causal. É uma versão ligeiramente ampliada dessa visão que eu apresento aqui).

Mais arbitrárias, entretanto, são a minha visão e descrição dos próprios estágios mais importantes, particularmente dos superiores ou transpessoais. Descrições e explicações mais precisas sobre esses estágios podem ser encontradas em *Sistema, Self e Estrutura*. O leitor também pode consultar o Capítulo 8, no qual Daniel Brown dá uma explicação pormenorizada de cerca de 18 estágios no desenvolvimento transpessoal. Eu só gostaria de esclarecer que a cartografia contemplativa que apresento aqui e a de Brown estão em amplo e substancial acordo, refletindo a crescente pesquisa e conclusão de que, "a partir de cuidadosa inspeção dos textos clássicos, a seqüência de experiências de que nos falam as tradições de meditação e concentração, e as mudanças relatadas nas abordagens cuidadosas *não* variam muito de um sistema de meditação para outro. Apesar de ter havido diferenças dignas de nota no progresso das experiências relacionadas com a meditação, os próprios relatórios fenomenológicos demonstram uma organização psicológica fundamental bastante semelhante quando analisados longitudinalmente (ou seja, ao longo da progressão de experiências que aconteceram desde o início até o fim do caminho da meditação)" (Maliszewski *et al.*, 1981). Essas semelhanças — que chamo de "estruturas profundas", em oposição a "estruturas de superfície" — são aqui condensadas e representadas em quatro estágios transpessoais mais importantes — psíquico, sutil, causal e final.

Os Estágios de Transição (ou Estágios do Self)

As estruturas de transição são as que não estão incluídas ou pressupostas no desenvolvimento subseqüente, mas que tendem, ao contrário, a ser negadas, dissolvidas ou *substituídas* pelo desenvolvimento subseqüente. Tome, por exemplo, os trabalhos de Piaget e Kohlberg. As estruturas cognitivas de Piaget são, em sua maior parte, estruturas *básicas* (a sensorimotora é nível 1-2; a pré-operacional é 3; a operacional concreta é 4 e a operacional-formal é 5). Uma vez que esses níveis chegam à existência, eles permanecem assim durante o desenvolvimento subseqüente; na realidade, no sistema de Piaget cada nível se torna o "operando" ou "objeto" do nível superior seguinte. Assim, uma pessoa, digamos, no nível básico 5 tem acesso *simultâneo* e usa os níveis de 1 a 4; eles ainda estão presentes, realizando suas tarefas e funções necessárias e apropriadas.

Os estágios morais de Kohlberg, entretanto, são estruturas de *transição* de fase específica: alguém que esteja, digamos, no estágio moral 3 não age simultaneamente também no estágio 1. O estágio 3 *substitui* o estágio 2, que substitui o estágio 1, e assim por diante. Apesar de as estruturas morais de transição dependerem ou "se apoiarem" nas estruturas cognitivas básicas (como Piaget e Kohlberg assinalaram), os dois, por outro lado, se referem a tipos diferentes de estrutura (ou seja, básica e de transição).

Uma metáfora simples pode ser útil para explicar esta distinção. As estruturas básicas em si mesmas são como uma escada, cujos degraus são níveis da Grande Corrente do Ser. O *self* (ou o sistema do *self*) é aquele que sobe a escada. A cada degrau dessa subida, o *self* tem uma visão ou perspectiva diferente da realidade, uma sensação diferente de identidade, um tipo diferente de moralidade, um conjunto diferente de necessidades, e assim por diante. Essas mudanças no sentido do *self* e de sua realidade, que se alteram de nível para nível, são consideradas estruturas de transição ou, mais freqüentemente, *estágios do self* (já que essas transições envolvem intimamente o *self* e sua sensação de realidade).

Assim, quando o *self* ascende, digamos, do degrau 4 ao 5, sua perspectiva limitada do degrau 4 *é substituída* por uma nova perspectiva no degrau 5. O degrau 4 em si *continua existindo* , mas as limitações de sua perspectiva não. É por isso que as estruturas básicas da consciência são estruturas mais ou menos duradouras; mas os estágios do *self* são transitórios, temporários ou de fase específica.

Cada estrutura básica *apóia* então várias estruturas de fase específica ou estágios do *self,* tais como diferentes necessidades (pesquisadas por Maslow), diferentes identidades (estudadas por Loevinger) e diferentes conjuntos de respostas morais (estudadas por Kohlberg). Na Tabela 3, incluí, por conveniência, as estruturas básicas da consciência com algumas de suas correspondentes (e transitórias) necessidades, identidades e estados morais, baseadas nos trabalhos de Maslow, Loevinger e Kohlberg. Assim, por exemplo, quando o *self* é *identificado* com o nível regra/papel, sua necessidade é "pertencer a", sua identidade é conformista e seu sentido de moral é convencional; quando (e se) subseqüentemente ele *se identifica* com o nível formal-reflexivo, sua necessidade é de auto-estima, sua identidade é individualista, seu senso moral é pós-convencional, e assim por diante. (*Sistema, Self e Estrutura* apresenta correlações semelhantes com os trabalhos de Fowler, Erikson, Broughton, Selman, Graves, Peck e outros. Para esta apresentação, escolhi Maslow, Loevinger e Kohlberg como exemplos, simplesmente porque o trabalho deles é provavelmente mais conhecido. [Para possíveis relações entre esses diferentes aspectos dos estágios do *self,* ver Loevinger, 1976.] Observe que as escalas de Kohlberg e Loevinger "terminam" por volta do nível 5 ou 6, refletindo a negligência da maioria dos pesquisadores convencionais com relação aos estágios transpessoais do desenvolvimento.

O Sistema do Self

Até aqui, examinamos brevemente os degraus ou níveis da escada global do desenvolvimento, e os estágios de transição (ou estágios do *self*) que ocorrem à medida que o *self* "sobe" ou progride através desses degraus no decorrer do seu próprio desenvolvimento. Ocupamo-nos agora daquele que sobe a escada: o *self* ou sistema de *self* (ou sistema de *self* ou estrutura do *self*). A partir das pesquisas de numerosos teóricos e clínicos, postulei que o sistema do *self* tem as seguintes características básicas:

1. *Identificação* — O *self* é o local da identificação, o lugar daquilo que o *self* chamará de "eu/me" *versus* o "não-eu/me". Algumas vezes eu divido o sistema de *self* total ou global (aquilo que Freud chamava de "Gesamt-Ich") em *self central* ou *próximo* (que se experimenta como "eu") e um *self distal* (que se experimenta como "me"); o

TABELA 2

RELAÇÃO DAS ESTRUTURAS BÁSICAS DE CONSCIÊNCIA COM TRÊS ASPECTOS DOS ESTÁGIOS DO *SELF*

ESTRUTURA BÁSICA	MASLOW (NECESSIDADES)	LOEVINGER (SENSAÇÃO DE IDENTIDADE)	KOHLBERG (SENTIDO MORAL)	
Sensorifísica		Autista		
	(Fisiológica)	Simbiótico	(Pré-moral)	
Fantasmagórico-emocional		Impulsivo inicial		0. Desejo mágico
Mente-rep	Segurança	Impulsivo	I Pré-convencional	1. Punição/obediência
		Autoprotetor		2. Hedonismo ingênuo
Mente regra/papel	Pertencer a	Conformista	II Convencional	3. Aprovação dos outros
		Conformista consciente		4. Lei e ordem
Formal-reflexiva	Auto-estima	Consciente	III Pós-convencional	5. Direitos individuais
		Individualista		6. Princípios de consciência individual
Visão-lógica	Auto-realização	Autônomo		
		Integrado		
Psíquica	Autotranscendência			Kohlberg sugeriu recentemente um sétimo estágio superior:
Sutil	Autotranscendência			7. Universal-espiritual
Causal	Autotranscendência			

primeiro é o *self* subjetivo; o segundo, o *self* objetivo, embora ambos sejam experimentados fenomenologicamente como "Gesamt-Ich".

2. *Organização* — Como afirmava a filosofia escolástica, o *self* é aquilo que proporciona (ou tenta proporcionar) identidade à mente; isso é quase idêntico ao conceito psicanalítico moderno de *self* como "processo de organização": "O *self* não é apenas uma síntese de partes ou subestruturas psíquicas subjacentes, mas um *princípio de organização independente*, um "marco de referência" contra o qual medimos as atividades ou estados dessas subestruturas" (Brandt, 1980).

3. *Vontade* — O *self* é o local da livre escolha, mas livre apenas nos limites estabelecidos pelas estruturas básicas do seu atual nível de adaptação (ex., o *self* no degrau 3, ou preop, não é livre para formar hipóteses, o que ocorre no degrau 5, ou formop).

4. *Defesa* — O *self* é o local dos mecanismos de defesa (que se desenvolvem e mudam hierarquicamente de nível para nível nas estruturas básicas); mecanismos de defesa, em geral, são considerados normais, necessários e exercem funções apropriadas da fase; entretanto, quando super ou subutilizados, tornam-se mórbidos ou patológicos.

5. *Metabolismo* — Uma das tarefas fundamentais do *self* é "digerir" ou "metabolizar" as experiências apresentadas a ele em cada degrau do desenvolvimento. "A hipótese básica da teoria do desenvolvimento é que a experiência deve ser 'metabolizada' para formar estrutura." Os teóricos das relações de objeto, como Guntrip (1971), falam de patologia como "metabolismo malsucedido" — o *self* não consegue digerir e assimilar experiências passadas significativas, e elas permanecem alojadas, como um pedaço de carne não-digerida, no sistema do *self*, gerando indigestão psicológica (patologia). As estruturas básicas da consciência, de fato, podem ser concebidas como *níveis de alimento* — alimento físico, alimento emocional, alimento mental, alimento espiritual. Esses níveis de alimento, como veremos, são realmente

níveis de relações de objeto, e a forma como o *self* lida com esses "alimentos-objetos" ("*self*-objeto") é um fator fundamental para o desenvolvimento da psicopatologia.

6. *Navegação* — Em qualquer degrau da escala do desenvolvimento (exceto nos dois pontos extremos), o *self* se depara com várias "trações direcionais" diferentes. Por um lado, ele pode (dentro de certos limites) decidir permanecer no seu nível de desenvolvimento atual, ou pode escolher livrar-se dele em favor de outro. Se ele se livra de seu nível atual, pode mover-se para cima na hierarquia das estruturas básicas, ou pode mover-se para baixo. *Num dado nível*, então o *self* se depara com a alternativa preservação *versus* negação, manter *versus* abandonar, viver nesse nível *versus* morrer para ele, identificar-se com ele *versus* desidentificar-se dele. Por outro lado, o *self* se depara com a disjuntiva de escolher *entre níveis diferentes*, subida *versus* descida, progressão *versus* regressão, mover-se para cima, na hierarquia dos níveis de crescente estruturação, aumentando a diferenciação e integração superiores, ou mover-se para baixo, para níveis menos organizados, menos diferenciados e menos integrados. Esses quatro "impulsos" são representados na Fig. 2.

Resumo do Desenvolvimento Global

Agora podemos resumir a forma do desenvolvimento global da seguinte maneira: na medida em que as estruturas ou degraus básicos começam a vir à luz cronologicamente e a se desenvolver, o *self* pode *identificar-se* com eles (tornando-se, respectivamente, um eu físico, um eu emocional ou um eu mental, e assim por diante. Uma vez identificado com uma estrutura básica específica, ou impulso de preservação do *self,* buscará consolidar, integrar e organizar o complexo global resultante. Essa identificação inicial com uma estrutura básica específica é normal, necessária e apropriada à fase, e é a que dá origem a um estágio específico do *self* (impulsivo, conformista, individualista, etc.) associado a essa estrutura básica ou apoiado por ela (ver Tabela 2 para as correlações).

Se, entretanto, o *self* central sobe na hierarquia do desenvolvimento estrutural — para crescer —, então posteriormente ele precisará liberar ou negar sua identificação *exclusiva* com esse degrau básico atual, para se identificar com o próximo degrau mais elevado na escada do desenvolvimento. Ele precisa aceitar a "morte", a negação ou a liberação do nível inferior — precisa desidentificar-se ou desapegar-se de um envolvimento exclusivo com esse nível — a fim de subir para a unidade, diferenciação e integração mais elevada própria do próximo nível básico superior.

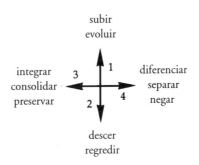

FIGURA 2
OS QUATRO "IMPULSOS" QUE AFETAM OS ESTÁGIOS DO *SELF*

Uma vez identificado com a nova estrutura básica superior, aparece em cena um novo estágio específico do *self*; uma nova sensação de identidade, com novas necessidades, uma nova sensibilidade moral, novas relações de objeto, novas formas de vida, novas formas de morte, novas formas de "alimentos" para metabolizar. O estágio correspondente ao *self* inferior (exceto em caso de fixação) é liberado e negado, mas a estrutura básica continua existindo como um degrau necessário da escada da consciência, e precisa, portanto, ser *integrado* no novo indivíduo global recentemente configurado. Uma vez no nível novo e superior, o *self* então busca consolidar, fortificar e preservar esse nível, até que esteja de novo suficientemente forte para morrer para esse nível, para *transcendê-lo* (liberá-lo ou negá-lo) e, assim, subir para o degrau seguinte do desenvolvimento. Desse modo, tanto a preservação como a negação (ou a vida e a morte) têm aparentemente importantes tarefas de fase específica para realizar.

É fascinante notar que a moderna psicologia psicanalítica do ego chegou a uma conclusão quase idêntica. A teoria do instinto dual, na realidade, evoluiu para uma teoria de *Eros* como um impulso de integração, de consolidação ou preservação, e que a agressividade (*tânatos*), como uma força de diferenciação, de separação, de desagregação e negação, ambas são específicas de fases igualmente necessárias para o desenvolvimento global. Essa visão começou com a reformulação de Freud, em 1940:

> O objetivo do primeiro desses instintos básicos [preservação] é estabelecer unidades cada vez maiores e preservá-las — em resumo, mantê-las juntas; o objetivo do segundo [negação] é, ao contrário, desfazer conexões [dissolvê-las ou negá-las].

Heinz Hartmann (1958) deu o passo seguinte:

> A diferenciação [separação-negação] precisa ser reconhecida, juntamente com a síntese [integração-preservação], como uma importante função do ego. Uma vez que, de alguma forma, relacionamos a função do ego com a libido, é plausível supor que exista um relacionamento análogo entre a diferenciação e a destruição, especialmente a partir das recentes inferências de Freud acerca do papel da livre agressão na vida mental.

Blanck & Blanck (1974) resumem a visão mais atual: "A libido buscará conexão, enquanto a agressão buscará e manterá a separação e a individuação." Em outras palavras, a agressão ou negação não precisa mais ser vista como meramente, ou mesmo predominantemente, hostil ou destrutiva. Erikson propôs o termo "agressividade"* para conotar "os aspectos do impulso agressivo que promovem o crescimento e se afirmam a si mesmos em vez de serem hostis e destrutivos" (*in* Blanck & Blanck, 1974). Em outras palavras, há uma "agressividade saudável", assim como existe uma "agressividade mórbida", da mesma forma que existe uma "preservação saudável" e uma "preservação mórbida".

De acordo com isso, pode-se concluir que a preservação e a negação servem a importantes tarefas de fase específica, e que *a patologia parece desenvolver-se quando uma (ou ambas) dessas tarefas é mal orientada*. A preservação "saudável" ou "normal" ocorre quando as identificações e as relações do objeto de um nível específico estão sendo construídas, consolidadas e integradas ("libido neutralizada constrói relações de objeto" [Blanck & Blanck, 1974]). A preservação mórbida, por outro lado, ocorre quando as identificações e relações de objeto de um nível particular, que eram apropriadas, não são liberadas para dar lugar às novas, de um nível superior. A preservação mórbida, em outras palavras, nada mais é do que *fixação*.

A negação normal ou saudável serve a diversas funções importantes. *Horizontalmente*, ajuda a diferenciar o *self* das representações de objetos ("a agressividade neutralizada dirige o impulso do desenvolvimento em direção à separação-individuação" [Blanck & Blanck, 1974]); *verticalmente*, ajuda à desidentificação, diferenciação, separação ou transcendência de um nível inferior, em favor de um nível superior. A negação mórbida, por outro lado, é uma diferenciação

---

* A*gressivity*, em inglês, em oposição ao termo usado para agressividade, que seria "*agression*". (N.T.)

ou desidentificação de um componente, antes de ele ter sido integrado, digerido e assimilado adequadamente. O componente é simplesmente separado da personalidade. A negação mórbida, em outras palavras, é simplesmente *repressão* (ou dissociação, divisão, etc., dependendo do nível de organização estrutural da defesa em si). Esse é um breve resumo do modelo de espectro — suas estruturas básicas, o sistema do *self*, os estágios do *self* e a repressão/fixação. Agora podemos voltar nossa atenção a um resumo semelhante sobre os recentes desenvolvimentos em psicologia psicanalítica do ego.

CAPÍTULO 2

O Background Convencional

Nesta seção, apresentarei uma breve visão de alguns dos novos desenvolvimentos em psicologia convencional e psiquiatria, particularmente das escolas conhecidas pela teoria de relações de objetos, psicologia do *self* e psicologia psicanalítica do ego. Pois essas escolas também têm adotado cada vez mais uma perspectiva de *desenvolvimento*, e resumirei brevemente os vários estágios do desenvolvimento do *self* como ela os concebem. Como essas escolas são *particularmente interessadas em psicopatologia e em seu tratamento*, também começaremos a nos concentrar mais intensamente na patologia e na sua gênese.

Perto do fim desta seção, começarei a mostrar como esses estágios convencionais se enquadram no espectro global do desenvolvimento delineado na Parte I. Mas talvez possamos agora dizer algo sobre isso: Essas escolas convencionais estão geralmente de acordo sobre o fato de que existem três níveis ou estágios amplos de desenvolvimento do *self* no reino pré-pessoal (isto é, levando à fase edipiana e a incluindo, por volta dos 5-7 anos de idade). Tentarei mostrar que esses três estágios gerais ocorrem quando o *self* negocia os três primeiros degraus básicos do desenvolvimento (como mostra a Fig. 1). A psicologia e psiquiatria convencionais investigaram esses três estágios gerais (e seus numerosos subestágios) detalhadamente, e também tentaram demonstrar que a "lesão" do desenvolvimento num estágio específico tende a dar origem a um tipo específico de psicopatologia. Tentarei resumir essa pesquisa, e então enquadrá-la explicitamente no modelo de espectro delineado na Parte I. É essa integração ou síntese que formará a plataforma para as análises dos Capítulos 4 e 5.

A seção seguinte é necessariamente técnica e, portanto, um tanto difícil de entender. Por esse motivo, incluí um sumário bastante livre de jargões e não técnico no final do capítulo. Os que não estão familiarizados com a psicologia psicanalítica do ego podem querer passar diretamente a esse sumário agora, e então voltar a ler tanto quanto desejarem desta seção.

As Dimensões do Desenvolvimento em Psicopatologia

Durante as últimas duas décadas, uma explosão de teorias e pesquisas ocorreu na psiquiatria convencional, principalmente em torno de três escolas intimamente relacionadas, geralmente conhecidas como psicologia psicanalítica do desenvolvimento (Mahler, 1975; Kernberg, 1975; Blanck & Black, 1979), a teoria de relações de objeto (Fairbairn, 1954; Winnicott, 1965; Guntrip, 1971), e a psicologia do *self* (Kohut, 1971). A excitação e o interesse que essas escolas geraram são visíveis em certos comentários, como o que ocorreu recentemente em "salto quântico na compreensão da psicopatologia" (Masterson, 1981); esses avanços representam "talvez a mais importante descoberta da pesquisa sobre problemas de personalidade neste século" (Guntrip, 1971). Algumas dessas descobertas são realmente monumentais, e podem tornar-se elementos fundamentais em qualquer psicologia abrangente — incluindo a psicologia transpessoal. Entretanto, consideradas apenas em si mesmas, elas apresentam certas limitações e distorções graves, sobre as quais não seria sensato basear uma psicologia abrangente de desenvolvimento. O que se segue, então, é uma tentativa de delinear os aspectos importantes desses desenvolvimentos recentes, sem esquecer de mencionar suas limitações, assim como seus pontos fracos.

A descoberta de maior impacto, por assim dizer, veio na investigação e no tratamento clínico dos assim chamados distúrbios limítrofes e narcisistas. Esses distúrbios estão em contraste com as psiconeuroses clássicas (histeria, neurose obsessivo-compulsiva, neurose de ansiedade, etc.). A maior diferença entre as psiconeuroses e os distúrbios limítrofe-narcisistas é que nas psiconeuroses existe algum tipo de conflito ou repressão *dentro* da estrutura do *self* (o ego, por exemplo, *reprime* algum impulso do id), ao passo que, nas condições limítrofes e narcisistas, existe muito pouca estrutura para realizar a repressão. Ao contrário, a estrutura do *self* (ou sistema do *self*) é tão fraca, tão subdesenvolvida, tão fluida, que o *self* e as representações de objeto se fundem ou se confundem; o *self* é oprimido pelo medo de aniquilação ou pela sensação de ser engolido pelo mundo; ou então ele trata os objetos e as pessoas como meras extensões de seu próprio *self* grandioso, fundido com o mundo. O termo "limítrofe" significa, em linhas gerais, que a síndrome é limítrofe entre a neurose e a psicose; existe, portanto, um *continuum* global de rigor cada vez maior: neurótico, neurótico limítrofe, limítrofe, psicótico limítrofe e psicótico (Blanck & Blanck, 1979; Gedo, 1979; Tolpin, 1971).

Tradicionalmente, pensava-se que as síndromes limítrofe e narcisista não podiam ser tratadas com sucesso pelas técnicas psicanalíticas ou psicoterapêuticas normais. Uma parte do recente "salto quântico", entretanto, envolveu desenvolvimento de modalidades do tratamento que se mostraram surpreendentemente efetivas nas condições limítrofe-narcisistas. Essas modalidades de tratamento se desenvolveram a partir de três linhas de pesquisa intimamente relacionadas: 1) uma descrição clínica detalhada das "transferências arcaicas" dos pacientes limítrofe-narcisistas (lançada por Kohut [1971]); 2) reformulações teóricas sofisticadas dos estágios iniciais do desenvolvimento (0-3 anos), e uma conseqüente visão da patologia como uma suspensão ou distorção do desenvolvimento em níveis qualitativamente diferentes da organização estrutural (Spitz, 1965; Jacobson, 1964; Mahler, 1975; Kernberg, 1976; Masterson, 1981; Blanck & Blanck, 1974); e 3) observações e descrições extremamente meticulosas dos primeiros anos do desenvolvimento infantil (aqui o trabalho pioneiro de Margaret Mahler é reconhecido).

Pelo fato de a pesquisa de Mahler e de seus associados ter sido tão importante — não apenas aumentando nossa compreensão dos estágios iniciais do desenvolvimento do *self*, mas também lançando luzes sobre a etiologia das síndromes limítrofe-narcisistas — um breve resumo de suas descobertas-chave será útil aqui.

Desenvolvimento Infantil: O Trabalho de Margaret Mahler

Em quase duas décadas do que só pode ser chamado de pesquisa clínica brilhante, Mahler concluiu que o desenvolvimento da estrutura do *self* nas crianças (0-3 anos) geralmente se realiza através de três fases: autista, simbiótica e separação-individuação, sendo que esta última está dividida em quatro subfases: diferenciação, prática, aproximação e consolidação, completando seis estágios no total. Em ordem cronológica, são elas (todas as citações a seguir são de Mahler, 1975):

1. *Fase Autista* (0-1 mês) — "As primeiras semanas de vida extrauterina, durante as quais o recém-nascido parece um organismo quase puramente biológico, e suas respostas instintivas aos estímulos são reflexivas e talâmicas. Durante essa fase, só podemos falar de aparatos do ego primitivo não integrado e de mecanismos de defesa puramente somáticos, consistindo em reações de transbordamento e descarga, cujo objetivo é a manutenção do equilíbrio homeostático. A posição da libido é predominantemente visceral, sem discriminação entre dentro e fora." Mahler se refere a isso como sendo um "sistema monádico fechado" ou uma "matriz primitiva indiferenciada".

2. *Fase Simbiótica* (1-5 meses) — "Do segundo mês em diante, o bebê se comporta e funciona como se ele e sua mãe fossem um sistema onipotente — uma unidade dual dentro de um limite comum." Esse é um "estado de não-diferenciação, ou de fusão com a mãe, no qual o 'eu' ainda não é diferenciado do 'não-eu', e no qual o dentro e o fora só aos poucos vão sendo sentidos como diferentes." Nesse estágio, a criança se comporta como se não pudesse nem mesmo distinguir claramente seu corpo sensorifísico do de sua mãe e do ambiente ao redor. "A característica essencial da simbiose é a somatopsíquica onipotente com a representação da mãe e, particularmente, a fantasia de um limite comum entre dois indivíduos fisicamente separados."

3. *Subfase da Diferenciação* (5-9 meses) — Esse estágio é marcado pelo que Mahler chama de "sair da casca" [*hatching*]: o *self corporal sensorifísico* do bebê "sai da casca" ou acorda de sua união dual, simbiótica e anterior com a mãe e com o ambiente sensorifísico. Nesse estágio, "todas as crianças normais dão seus primeiros passos inseguros com vistas a se afastar, num *sentido corporal,* de seu estado de bebê de colo até então completamente passivo... Há sinais definidos de que o bebê começa a diferenciar seu próprio [corpo] do corpo da mãe".

Observe-se que essa diferenciação específica é basicamente do *self* corporal sensorifísico com relação ao seu ambiente, porque a mente da criança (o recém-emergente nível fantasmagórico ou de imagem) e seus sentimentos (o nível emocional-sexual) ainda *não* estão diferenciados de seu ambiente. O bebê existe como um *self* corporal sensorifísico distinto, mas não como um *self* fantasmagórico/emocional *distinto*, porque as imagens emocionais do *self* e as imagens de objetos emocionais ainda estão fundidas ou misturadas. Como veremos, só na subfase de aproximação é que ocorre esse "nascimento psicológico" ou separação-diferenciação.

4. *Subfase da Prática* (9-15 meses) — Esse estágio é significativo porque parece marcar o auge do narcisismo exibicionista-grandioso, com o mundo sendo, como diz Mahler, "a pequena ostra do neném". "A catexe libidinal passa substancialmente a servir o ego autônomo (que se desenvolve rapidamente) e suas funções, e a criança parece embriagada com suas próprias faculdades e com a grandeza de seu próprio mundo. O narcisismo está no auge! A criança está inebriada pelas suas capacidades, continuamente deleitada com as descobertas que faz em seu mundo em expansão, e quase enamorada do mundo e de sua própria grandeza e onipotência." De acordo com Blanck & Blanck (1979), nesse estágio, "o *self* continua a acumular valor pela absorção mágica do mundo maior que vem fazer parte de sua imagem". Tecnicamente falando, o *self* e as representações de objeto ainda são uma unidade fundida.

5. *Subfase de Aproximação* (15-24 meses) — Esse estágio, de acordo com Mahler, é crucial para o futuro desenvolvimento, porque é nele que ocorre a primeira diferenciação importante entre o *self* e a representação de objetos. Isso significa que um *self fantasmagórico-emocional separado e distinto* veio à luz finalmente e se diferenciou claramente de suas representações de objeto emocionais-libidinais. Isso, em outras palavras, é "o nascimento psicológico do bebê humano". Para conceitualizar esse aspecto nas estruturas básicas, existe primeiramente um nascimento simples; depois, o "sair da casca", ou

o nascimento de um *self* corporal sensoriperceptual distinto; e então a crise de aproximação, ou o nascimento de um *self* "psicológico" fantasmagórico-emocional distinto.

Concomitante a esse nascimento, existe uma perda marcante das unidades *self*-e-objeto narcisistas, fundidas, onipotentes e grandiosas do estágio anterior (prática), e uma correspondente vulnerabilidade a uma elevada ansiedade de separação e depressão de abandono. "A inflação narcisista da subfase da prática é lentamente substituída por uma percepção cada vez maior da separatividade (fantasmagórico-emocional), e subseqüentemente da vulnerabilidade. Isso freqüentemente culmina com uma crise de aproximação mais ou menos transitória de grande significado para o desenvolvimento", porque a criança "precisa, vagarosa e dolorosamente, desistir da ilusão de sua própria onipotência". Como agora existe um *self* separado, existe também um *outro* separado — o mundo não é mais a sua ostra. Os pesquisadores gostam de dizer que, nesse estágio, o paraíso foi perdido.

Mas, apesar de o corpo-mente fantasmagórico-emocional da criança estar agora diferenciado do "outro", a mente e o corpo da criança ainda não estão diferenciados entre si; ainda existe uma fusão mente-corpo; somente no estágio edipiano, como veremos, é que a mente e o corpo finalmente se diferenciam no organismo separado.

6. *Consolidação e constância de objeto emocional* (24-36 meses) — Essa subfase final é a consolidação do processo de separação-individuação e a obtenção da "constância de objeto emocional-libidinal". É normalmente marcada por: 1) uma diferenciação clara e relativamente duradoura entre o *self* e as representações de objeto; 2) a integração de imagens parciais do *self* numa representação total do *self* (que inclui tanto "bons" quanto "maus" aspectos do *self*); e 3) a integração de imagens parciais dos objetos em representações totais de objetos (que inclui aspectos "bons" e "maus" dos objetos emocionais-libidinais).

São esses, pois, os seis estágios normais do nascimento psicológico do bebê humano, do modo como foram apresentados por Mahler.

O Fulcro do Desenvolvimento:
O Trabalho de Blanck & Blanck

Mahler apresentou diversas evidências clínicas (1975) de que a psicose infantil tem como fator etiológico principal uma "lesão" do desenvolvimento nas fases autista-simbiótica (o bebê falha em "sair da casca" ou em vir à luz como um *self* corporal sensorifísico separado e, em vez disso, permanece no "sistema monádico fechado" da fase autista, ou se afunda na "unidade dual onipotente" da fase simbiótica).

Entretanto, Mahler acredita que as síndromes limítrofes têm sua etiologia principal numa lesão da subfase de aproximação. A estrutura do *self* falha em se diferenciar/separar claramente da unidade fundida onipotente-grandiosa das subfases simbiótica e prática anteriores; essa suspensão ou lesão do desenvolvimento na estruturação do *self* deixa o limítrofe aberto para "engolfamento" emocional, transbordamento, pânico de fusão ou grandiosidade do *self*-e-objeto. Como há irregularidades na estruturação do *self* nesse nível primitivo de organização, o limítrofe não tem acesso a mecanismos de defesa neuróticos superiores (repressão, racionalização, deslocamento), mas, em vez disso, precisa confiar em defesas primitivas ou menos do que neuróticas (particularmente de divisão, negação, introjeção e projeção).

Por outro lado, como Blanck & Blanck resumem (1979), "Se a fase simbiótica e a subfase de separação-individuação são vividas adequadamente, a criança alcança o ponto de verdadeira identidade — aquela de diferenciação entre o *self* e a representação de objetos, e da capacidade de reter a representação do objeto, independentemente do estado de necessidade [que é a definição de constância de objeto emocional]. A estruturação dá lugar à normalidade ou, na pior das hipóteses, à neurose; a patologia limítrofe é evitada." Se esse estágio de separação-individuação é alcançado e resolvido, a estrutura do *self* se acha então suficientemente forte e individuada para *ser capaz* de criar a neurose; a fase edipiana pode então ser iniciada e adequadamente resolvida (normalidade) ou mal orientada (psiconeurose). Por outro lado, se essa fase de separação-individuação não é resolvida adequadamente, o *self* individual permanece "menos do que neuroticamente estruturado", ou limítrofe.

Essa fase global de separação-individuação (e a subfase de aproximação, em particular, é tão importante, que Blanck & Blanck (1979) a chamam de "o fulcro do desenvolvimento", e a representam em um diagrama (que eles chamam de "diferenciação *self*-objeto"), semelhante ao da Fig. 3.

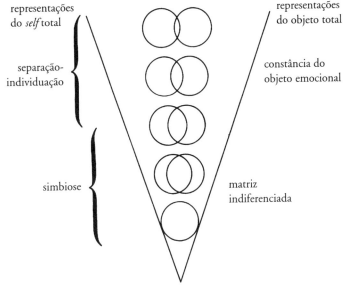

FIGURA 3
"DIFERENCIAÇÃO DO *SELF*-OBJETO"
SEGUNDO BLANCK & BLANCK (1979)

Com efeito, esse diagrama representa as mais importantes descobertas do recente "salto quântico" na teoria do ego e relações de objeto. Entretanto, ele pode ser ainda mais aprimorado se incluirmos não só a separação-individuação do *self* fantasmagórico-emocional, mas também a diferenciação *anterior* ou o "sair da casca" do *self* corporal sensorifísico. Blanck & Blanck (na verdade, a maioria dos pesquisadores do desenvolvimento) falham em salientar adequadamente que esses são dois níveis de diferenciação *qualitativamente distintos*, e portanto não deveriam ser representados em *um continuum*, como Blanck & Blanck o fazem, mas com dois *continuum*, como mostra a Fig. 4. Quando o segundo fulcro leva à constância do objeto *emocional*, o primeiro leva à constância do objeto *físico*.

O primeiro fulcro (subfases autista, simbiótica e de diferenciação) é o estágio de "sair da casca", durante o qual o sistema de *self* deve negociar o surgimento das estruturas básicas de existência física e sensoriperceptual. Se esse "sair da casca" falhar, o *self* permanece trancado em sua órbita autista-simbiótica, incapaz, no pior dos casos, até mesmo de diferenciar o seu *self* sensorifísico do ambiente sensorifísico (psicoses autista e simbiótica); conseqüentemente, não pode avançar para o segundo fulcro maior, o da separação-individuação fantasmagórico-emocional.

Entretanto, se ele negociar adequadamente esse primeiro fulcro, o organismo sensorifísico será adequadamente diferenciado do ambiente sensorifísico. Nesse ponto, o *self* entra no segundo fulcro de desenvolvimento, onde ele deve negociar o afloramento e o desenvolvimento da estrutura de existência básica seguinte, a emocional e fantasmagórica. Isso envolve uma diferenciação, não entre o organismo e o ambiente, mas no próprio organismo — isto é, uma diferenciação entre as imagens internalizadas do *self* e as imagens internalizadas do objeto. Isso é representado na Fig. 4, ao se colocar o segundo fulcro na margem esquerda do primeiro fulcro, como está

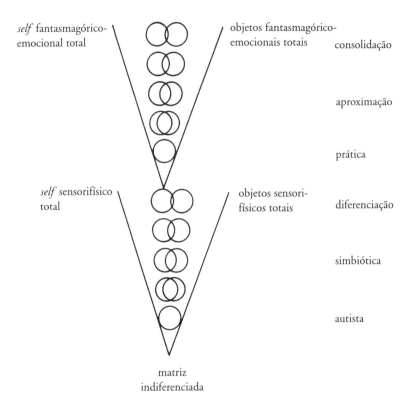

FIGURA 4
DIFERENCIAÇÃO DO *SELF* NOS FULCROS 1 E 2

indicado pela flecha. A flecha indica que nesse ponto há uma *emergência* geral das estruturas de existência seguintes, novas e superiores; nesse caso, a fantasmagórica-emocional. É exatamente essa nova emergência que resulta num estado de fusão novo e superior, que também precisa ser separado/diferenciado num nível de estruturação do *self* novo e superior (nesse caso, o segundo fulcro).

O trabalho de Edith Jacobson (1964), assim como o de Mahler (1972) e Spitz (1965), apresentam essa interpretação. Como Abend

(1983) afirma: "O trabalho de Jacobson salientou que no estágio [anterior ou autista-simbiótico] não há uma diferenciação clara entre [a criança] como uma entidade [corporal] separada, e o mundo exterior. Ela pode ainda não estar consciente de que seus estados de tensão vêm de seu corpo, ou de suas gratificações ou liberação de tensões psicológicas lhe são concedidas por uma pessoa que não é ela mesma [isso acontece durante o primeiro fulcro]. Aos poucos, entretanto, deve haver um incremento de *imagens mentais* [fantasmagóricas] do *self* e do mundo exterior [a emergência do segundo fulcro] junto com percepções *sensoriais* do *self* e do outro [o primeiro fulcro]. Este último estágio [isto é, o segundo fulcro], entretanto, é aquele durante o qual a representação do *self* e a representação do objeto são passíveis de distorção [de serem fundidas ou misturadas] como resultado de mecanismos de projeção e introjeção." O segundo fulcro, em outras palavras, envolve um estado de fusão novo, superior e qualitativamente diferente (fantasmagórico-emocional) do primeiro (sensoriperceptual), e deve ser negociado por um processo de separação-diferenciação novo, superior e qualitativamente diferente.

Finalmente, uma nota sobre a diferença entre constância de objeto *físico* (primeiro fulcro) e constância de objeto *emocional* (segundo fulcro). A própria Mahler (1975) aceita essa distinção, e assinala que "a permanência de objeto [físico], no sentido de Piaget, é um pré-requisito necessário, mas não suficiente, para estabelecimento da constância de objeto libidinal". Essa diferença é dramaticamente óbvia no desenvolvimento cronológico real: a constância de objeto físico, como Piaget (1977) demonstrou, é atingida por volta dos dezoito meses, ao passo que a constância de objeto emocional, de acordo com Mahler, raramente é alcançada antes dos 36 meses. Obviamente, esses são dois estágios distintos de estruturação.

O Espectro dos Fulcros de Desenvolvimento

Agora chegamos a uma questão crucial: Existem outros fulcros importantes ou nódulos críticos da estruturação e diferenciação do *self*? Nesse ponto, a maioria das teorias de relações de objeto torna-se vaga e equívoca. Algumas delas parecem indicar que o desenvolvimento mais importante do *self* está virtualmente terminado aos 36 meses. Outras dão pouca atenção a fulcros de desenvolvimento superiores: "Atingindo adequadamente o nascimento psicológico, aproximadamente aos três anos de idade, a criança está 'a caminho da constância de objeto [emocional]'. Apesar de esse ser um outro começo, e não o fim..., o primeiro *round* é decisivo para a segurança dos *rounds* subseqüentes. Blos [1962] pensa que um segundo maior desenvolvimento acontece na adolescência. Sugerimos que o casamento pode constituir um outro *round* " (Blanck & Blanck, 1979).

Esse estilo vago das teorias quanto ao que constitui exatamente um *round* (ou fulcro) do desenvolvimento do *self* tem perseguido a teoria de relações de objeto desde o seu início. Quanto ao desenvolvimento como um todo, também é por demais limitador *definir* "separação-individuação" como o que ocorre especificamente durante as subfases de aproximação e consolidação, e também dizer que ela "continua" através "de diversos, talvez infinitos, *rounds* por toda a vida" (Blanck & Blanck, 1979) com referências vagas à adolescência e ao casamento.

Os teóricos psicanalistas das relações de objeto parecem ter-se concentrado tanto na forma *específica* que o processo de separação-diferenciação assume nas subfases de aproximação e consolidação, que parecem ter deixado escapar a idéia de que a subfase de "sair da casca" (e não a subfase de aproximação) pode ser descrita como o *primeiro round* importante da separação-diferenciação. Entretanto, eles parecem ter reconhecido isso implicitamente, pois na realidade chamam esse primeiro fulcro de "a subfase de diferenciação".

Da mesma forma, essas teorias negligenciaram o fato de que a própria fase edipiana pode ser definida muito precisamente como um fulcro ou ponto de separação-diferenciação. A fase edipiana — que agora pode ser chamada de terceiro maior fulcro de desenvolvimento — partilha todas as características abstratas ou marcas descritivas dos primeiros dois fulcros: ela envolve um processo de internalização, estruturação e hierarquização, separação-diferenciação e integração cada vez maiores. Entretanto, agora esse processo está ocorrendo num nível novo, superior e qualitativamente diferente de organização; o nível das estruturas básicas da mente-rep conceitual, *que emergiram recentemente*, e isso traz as possibilidades de um conjunto qualitativamente diferente de autodefesas (repressão), necessidades do *self*, relações de objeto, patologias possíveis (psiconeuroses), e assim por diante.

Como vimos, na conclusão das subfases de separação-individuação (segundo fulcro), o *self* fantasmagórico-emocional da criança é diferenciado de seu ambiente, mas a mente da criança (inicialmente fantasmagórica e simbólica) e o seu corpo (emocional-libidinal) não estão ainda diferenciados um do outro. Quando a mente-rep (símbolos e conceitos superiores) emerge, ela inicialmente partilha essa fusão mente-corpo. Isso é claramente abordado nos trabalhos de Piaget (1977), de Loevinger (1976), de Broughton (1975) e de outros. Na realidade, o próprio Freud anunciou, em *Inibições, Sintomas e Ansiedade* (1959), que uma diferenciação definitiva entre o ego e o id não ocorre antes do momento da resolução do estágio edipiano. E isso é exatamente o que está em jogo no terceiro fulcro: a diferenciação/ integração da mente (rep) e do corpo (emocional-libidinal). Uma lesão de desenvolvimento nesse fulcro resulta em uma *estrutura neurótica do self*: *o self* central permanece preso (preservação mórbida)

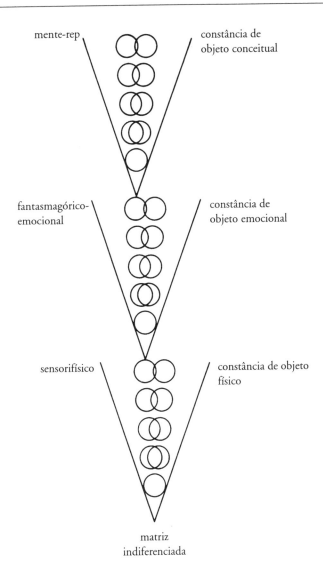

FIGURA 5
DIFERENCIAÇÃO DO *SELF* NOS FULCROS 1-3

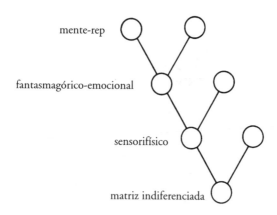

FIGURA 6
ESQUEMA DO DESENVOLVIMENTO DO *SELF* PARA OS FULCROS 1-3

a certos impulsos corporais, ou então reprime ou dissocia (negação mórbida) certos impulsos corporais. Se, entretanto, esse terceiro fulcro é negociado adequadamente, a mente e o corpo são claramente diferenciados e integrados na nova e superior estrutura conceitual do *self*, com uma internalização nova e superior (superego), e capacidade para a *constância de objeto conceitual* — o poder de manter um *conceito completo* ou um grupo de propriedades, sem confundir ou arruinar seus membros componentes devido a, por exemplo, desejos libidinais. Como Piaget (1977) demonstrou, a constância conceitual só emerge por volta do sexto ano de vida, com capacidades como conservação-reversibilidade, ou seja, manter propriedades conceituais apesar de deslocamento físico-emocional.

Esse terceiro fulcro importante agora pode ser acrescentado ao diagrama do desenvolvimento do *self* como mostra a Fig. 5, e tudo isso pode ser simplificado e representado esquematicamente como na Fig. 6.

Recapitulação. Síntese das Diferentes Teorias

As implicações de se combinar a psicologia psicanalítica de desenvolvimento e a teoria de relações de objeto com as estruturas básicas ou estágios da consciência agora podem ser vistas: *Os três primeiros fulcros do desenvolvimento do* self *simplesmente representam o* self *subindo os três primeiros degraus da escada das estruturas básicas principais* (mostrado na Fig. 1).

Em cada fulcro, o *self* se identifica (preservação normal) com a estrutura básica correspondente, e, assim, inicialmente, se funde com essa estrutura e seus objetos fenomenológicos, ou não se diferencia delas. Segue-se a isso um período de separação-diferenciação (negação normal), onde o sistema de *self*, ou estrutura do *self*, se diferencia tanto dos *objetos* desse nível quanto do *sujeito* do nível precedente (isto é, ele transcende sua identificação subjetiva anterior e exclusiva com a estrutura básica anterior e inferior). Se em qualquer fulcro houver preservação mórbida (fixação) ou negação mórbida (divisão, dissociação, repressão), uma patologia característica emerge, marcada pelo nível de organização estrutural no qual ocorre a lesão.

Como eu disse, esses três primeiros fulcros e suas patologias associadas (psicótica, limítrofe e neurótica) correspondem às três primeiras estruturas básicas ou degraus na escada do desenvolvimento global (mostrada na Fig. 1). Na Parte II, sugerirei que as estruturas básicas ou degraus remanescentes (níveis 4 a 9) envolvem, cada um, um outro fulcro crucial do desenvolvimento do *self*, e que os danos causados nesses fulcros também geram patologias específicas e definíveis (que, por sua vez, respondem a diferentes tipos de tratamento ou intervenções terapêuticas). Na Parte II, descreverei esses fulcros superiores — suas características, seus conflitos típicos e suas patologias correspondentes; e, na Parte III, sugerirei os tipos de "terapias" que parecem mais apropriados a cada um.

Mas, antes, temos de voltar à análise anterior e terminar nosso relato sobre os três primeiros fulcros e suas patologias associadas. E isso nos remete ao trabalho de Otto Kernberg.

A Hierarquia Convencional da Patologia: O Trabalho de Otto Kernberg

Para examinar as patologias específicas que caracterizam as malformações a cada fulcro do desenvolvimento do *self*, será útil usar uns poucos símbolos simples para nos referirmos às subfases de cada fulcro. Na Fig. 7, "a" representa a fusão inicial ou estado indiferenciado de cada fulcro; "b", o processo de separação-diferenciação; "c", o *self* estável, diferenciado, integrado, que surge na negociação adequada de cada fulcro; e "d", o mundo objetivo correspondente, diferenciado e integrado desse fulcro. (Assim, por exemplo, "Fulcro 1a" — ou simplesmente F-1a — refere-se à fase autista; F-2b refere-se à subfase de aproximação; F-2d refere-se à consciência do objeto emocional; F-3b, à fase edipiana; F-3c, ao *self* estável de mente-rep conceitual, e assim por diante.) A tarefa de desenvolvimento de cada fulcro pode agora ser definida simplesmente desta forma: ela envolve uma diferenciação horizontal entre c e d, e uma diferenciação vertical concomitante entre c e a. Esta última é o que já defini antes como "transcendência" (Wilber, 1980a).

FIGURA 7
SUBFASES EM CADA FULCRO DO DESENVOLVIMENTO DO *SELF*

As discussões anteriores esboçaram a visão de patologia de Mahler através dos três primeiros fulcros, mas talvez o mapa mais sofisticado e compreensível de patologia nesse campo tenha sido oferecido por Otto Kernberg, que apresentou uma "teoria [muito influente e amplamente aceita] da (1) origem das 'unidades' básicas (imagem do *self,* imagem do objeto, disposição do afeto) das relações de objeto interiorizadas, (2) o desenvolvimento de quatro estágios básicos em sua diferenciação e integração, (3) a relação entre a falha nesses desenvolvimentos e a cristalização de vários tipos de psicopatologia, e (4) as implicações dessa seqüência de fases dos desenvolvimentos estruturais globais do aparato físico" (1976).

Os estágios de desenvolvimento do *self* de Kernberg e as patologias correspondentes são assim (resumidos por Abend, 1983):

Estágio 1: "Autismo" Normal, ou Estágio Indiferenciado Primário. Essa fase cobre o primeiro mês de vida e precede a consolidação da "boa" constelação indiferenciada entre *self* e objeto. A falha ou fixação do desenvolvimento nesse estágio é característica da psicose autista.

Estágio 2: "Simbiose" Normal. Essa fase se estende do segundo mês de vida até mais ou menos seis ou oito meses de idade. A diferenciação entre o *self* e as representações de objetos ainda está relativamente incompleta e há uma tendência persistente à recusa defensiva do "bom" *self* e das imagens de objetos quando um trauma ou uma frustração muito grande determinam um desenvolvimento patológico. A fixação patológica do Estágio 2, ou regressão a ele, é característica da psicose simbiótica da infância, da maior parte das esquizofrenias em adultos e das psicoses depressivas.

Estágio 3: Diferenciação entre o Self *e as representações de objeto.* Esse estágio começa por volta dos oito meses de vida e se completa entre os 18 e 36 meses. Ele termina com a integração eventual das "boas" e "más" representações do *self* num determinado conceito integrado do *self* [que deveria ser uma imagem do *self*; os conceitos não surgem senão por volta do quarto ano de vida], e a integração das "boas" e "más" representações em um objeto "total" [completo, não uma parte]. Falhas no desenvolvimento durante esse estágio levam ao desenvolvimento da organização de personalidade limítrofe. [Nessa categoria geral, Kernberg inclui síndromes limítrofes, vícios, distúrbios narcisistas, distúrbios de personalidade antisocial e relacionados com o "como se". O que todas elas têm em comum, acredita ele, é a falha em integrar as imagens parciais "totalmente boa" e "totalmente má" de *self* e objeto, isto é, todas elas são caracterizadas por uma divisão.] Durante esse estágio, uma constelação de defesas iniciais é posta para agir, concentrando-se na divisão ou na dissociação primitiva e promovendo as outras defesas iniciais de negação, idealização primitiva, identificação projetiva, onipotência e desvalorização.

Estágio 4: Desenvolvimento de Estruturas Intrapsíquicas, de Nível Superior, Derivadas das Relações de Objeto. Esse estágio começa na parte final do terceiro ano de vida e continua durante todo o período edipiano. A patologia típica desse estágio é representada pela neurose e pela patologia de caráter de "nível superior". A repressão torna-se a principal operação defensiva desse estágio.[1]

Estágio 5: Consolidação do Superego e da Integração do Ego. Esse é um estágio [pós-edipiano] de desenvolvimento, com a evolução gradual da identidade do ego.

É óbvio que o esquema diagnóstico de Kernberg sobre o desenvolvimento se encaixa precisamente nos três primeiros fulcros, como mostra a Fig. 8. Observe que o Estágio 5 de Kernberg (F-3c), "*a consolidação* do superego e a integração do ego", é realmente uma consolidação ou integração, mas obviamente não deve ser confundida com o Fulcro 2c, a consolidação-integração do *self* fantasmagóricoemocional, ou Fulcro 1c, a consolidação-integração do *self* sensorifísico.

A concordância substancial entre os estágios de desenvolvimento-diagnóstico de Kernberg e os três primeiros fulcros de desenvolvimento do *self* requer um aprimoramento: Masterson (1981) sugeriu que as condições narcisista e limítrofe, apesar de intimamente relacionadas, são distintas quanto ao desenvolvimento. De acordo com Masterson, as condições têm realmente sua lesão primária de desenvolvimento na subfase de aproximação (F-2b), mas as condições narcisistas devem ter algum aspecto de sua lesão de desenvolvimento *antes* disso (ou seja, na subfase prática, F-2a). As condições narcisistas são marcadas pela fusão entre o *self*-grandioso e o objeto onipotente, que caracterizam a subfase prática (como Mahler afirma, "O Narcisismo está no auge!"). A subfase de aproximação é marcada pelo rompimento ou diferenciação das grandiosas-onipotentes unidades fundidas de *self*-e-objeto, e assim, Masterson acredita, não poderia ser o ponto de lesão dos distúrbios narcisistas. Como ele afirma, "a fixação dos distúrbios da personalidade narcisista deve ocorrer antes [a crise de aproximação], porque clinicamente o paciente se comporta como se a representação de objeto fosse uma parte integrante da representação do *self* — uma unidade dual, onipotente. A possibilidade de existência de uma crise de aproximação não parece ocorrer nesse paciente. Persiste a fantasia de que o mundo é a sua ostra e gira ao seu redor". O limítrofe, por outro lado, "se comporta como se toda a vida fosse uma crise de aproximação longa e impossível de se resolver". Assim, de acordo com Masterson, Fulcro 2a: narcisista; Fulcro 2b: limítrofe.

Note que em cada fulcro existem, de um modo geral, três subfases: a subfase "a", que representa a base indiferenciada do fulcro; a subfase "b", que representa o processo de separação-diferenciação *vertical e horizontal*; e a subfase "e/d", que representa a resolução, consolidação e integração ideais dos componentes de *self* e objeto recentemente diferenciados. Isso é assim em cada um dos três fulcros — e, portanto, nas 9 subfases — examinados até agora. Esses três fulcros e suas nove subfases estão arrolados na Fig. 8 como referência.

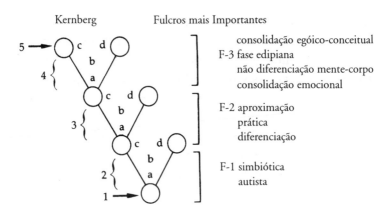

FIGURA 8
ENCAIXE DOS ESTÁGIOS DE KERNBERG NOS FULCROS 1-3

A Fig. 8 representa então um resumo da "adequação" entre as escolas convencionais (representadas por Kernberg e Mahler) e os três primeiros degraus (e fulcros) do modelo de espectro apresentado na Parte I. Permitam-me afirmar de novo que esses três fulcros (e suas patologias associadas) representam os três estágios gerais nos reinos pré-pessoais ou pré-operacionais do desenvolvimento global. Isso ainda deixa três estágios gerais no reino pessoal e três estágios gerais no reino transpessoal, como está indicado na Fig. 9. No próximo capítulo analisarei esses degraus e fulcros superiores e suas patologias associadas, o que posteriormente nos levará às dimensões contemplativas e transpessoais do crescimento e desenvolvimento humano.

Resumo

Esta seção foi um tanto técnica, portanto, talvez difícil de entender, desanimadora para o leitor não orientado psicanaliticamente. O que eu gostaria de fazer é oferecer um breve resumo, não técnico, dos seus pontos centrais.

Nesta seção, examinamos o aparecimento de um *sentido de self* no ser humano, e descobrimos que ele evolui através de três estágios gerais: a emergência de um *self físico* (de zero a um ano de idade), a de um *self emocional* (de um a três anos) e a de um *self mental* (de três a seis anos). Em cada um desses estágios de crescimento, o indivíduo deve aprender a distinguir o *self* do ambiente, dos outros e de outras estruturas em sua própria psique. Se essa diferenciação falha, o indivíduo permanece "fixo" (preso) a esse estágio, e uma perturbação psicológica correspondente geralmente se manifesta.

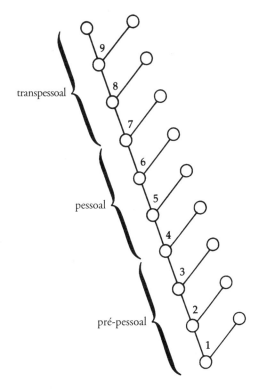

FIGURA 9
OS FULCROS MAIS IMPORTANTES DO DESENVOLVIMENTO DO *SELF*

Assim, apesar de a criança nascer com um corpo físico, ela ainda não tem um sentido de ser um *self físico* separado de seu ambiente; ela não pode distinguir facilmente o dentro e o fora, ou o seu corpo e o de sua mãe. Mas algumas vezes durante o primeiro ano de vida (tipicamente entre os 5 e 9 meses), o bebê aprende a distinguir (ou diferenciar) seu *self* físico do ambiente físico, e um verdadeiro sentido de *self* físico distinto emerge (isso é apropriadamente chamado de "sair da casca"). Por outro lado, se essa diferenciação não ocorre — geralmente devido a traumas graves e repetidos ou a outros acontecimentos perturbadores — então a criança permanece "fixa" no seu estado anterior indiferenciado ou de "fusão": o dentro e o fora estão fundidos e confundidos, processos de pensamentos de alucinação podem predominar, e ocorrem ansiedade ou depressão acentuados. Esse tipo de patologia grave e primitiva é conhecido como "psicose".

Quando o *self* físico já emergiu e se consolidou, o *self emocional* da criança começa a emergir e a se desenvolver. Uma vez mais, a criança tem emoções provavelmente desde o nascimento, mas não um *self* emocional separado. Mesmo depois do primeiro ano de vida, quando a criança (idealmente) estabeleceu um *self* físico claro e distinto, suas emoções ainda não são claramente diferenciadas das emoções dos outros (e particularmente da mãe). A criança imagina que o que ela sente os outros também estão sentindo (a isso se chama de "narcisismo"); seus "limites emocionais", por assim dizer, ainda são muito fluidos e instáveis.

Algumas vezes, porém, durante o período que vai do primeiro ao terceiro ano (o período entre 18 e 24 meses parece ser o mais crítico, e é chamado de "aproximação"), a criança aprende a diferenciar sua vida emocional-psicológica da dos outros (particularmente da mãe), e um *self* emocional estável, firme, individual emerge. Uma falha em atingir essa "separação-individual" deixa o indivíduo com limites emocionais muito frágeis. O mundo, então, tende a "inundar" o *self,* causando ansiedade, depressão e distúrbios graves do pensamento — um tipo de patologia vagamente designado como "limítrofe" (porque é limítrofe entre a psicose e a neurose).

Uma vez que o *self* emocional tenha emergido e se consolidado, o *self mental* da criança começa cada vez mais a emergir e a se desenvolver, processo que é consideravelmente ajudado pela aquisição da linguagem. O *self* mental cresce com especial rapidez por volta do terceiro ao sexto ano de vida, em cujo período a criança aprende não só a *sentir* mas também a *pensar* — a verbalizar, a falar e a controlar mentalmente o seu comportamento; mas ela também pode aprender que alguns de seus sentimentos e comportamentos (especialmente os sexuais e agressivos) são inaceitáveis para os que estão ao seu redor, e, assim, ela pode tentar "repudiar" ou "reprimir" esses sentimentos. Em certo sentido, o *self* mental (e seus pensamentos) aprende a reprimir o *self* emocional precedente (e seus sentimentos). Se essa repressão é acentuada e prolongada, os sentimentos reprimidos podem voltar de formas disfarçadas e dolorosas, conhecidas como "neuroses" (tais como fobias, compulsões, obsessões, histerias, etc.).

Assim, durante os seis ou sete primeiros anos de vida, existem três "pontos de decisão" ou "fulcros" particularmente importantes no desenvolvimento do *self* — a emergência do *self* físico, do *self* emocional e do *self* mental — cada um dos quais, quando perturbado, pode resultar em um tipo (ou nível) específico de patologia — psicose, limítrofe e neurose.

Como veremos particularmente na Parte III, essas patologias são tratadas adequadamente por diversos tipos de terapia. Nas neuroses, o indivíduo é encorajado a "descobrir" emoções e sentimentos reprimidos e a viver de novo a experiência deles mais diretamente (são as chamadas "técnicas de revelação", tal como a psicanálise clássica). Nos casos limítrofes ou fronteiriços, por outro lado, o problema não está tanto no fato de o *self* emocional ter sido reprimido, mas no fato de ele ainda não ter emergido nem ter-se estabilizado completamente ; os limites emocionais são muito fluidos e instáveis e, assim, o objetivo da terapia aqui não é "descobrir" mas *construir* um sentido de *self* distinto e individuado (essas técnicas são, portanto, chamadas "técnicas de construção de estrutura"). Finalmente, as patologias muito primitivas (psicoses) geralmente são tão graves, que nem as técnicas de revelação nem as de construção de estrutura são muito úteis, e o melhor que se pode geralmente esperar é algum tipo de estabilização, usando-se medicação ou, quando necessário, cuidados custodiais.

Vimos a emergência de um *self* físico, depois, de um *self* emocional, e depois, de um *self* mental; estes são os três primeiros maiores "fulcros" do desenvolvimento do *self.* No capítulo seguinte, veremos que o *self* mental, por sua vez, passa por três níveis ou fulcros importantes de desenvolvimento (concreto, formal e integrativo, ou F-4, F-5 e F-6, para abreviar), e então o *self* começa a se tornar *transmental* (transacional ou transpessoal) na medida em que entra nos reinos contemplativos ou espirituais do desenvolvimento. Cada um desses níveis e fulcros superiores tem também suas próprias patologias potenciais e modalidades de tratamento correspondentes, que analisaremos mais pormenorizadamente na Parte III.

PARTE II

O Espectro da Psicopatologia

No Parte I, Wilber apresentou um breve resumo de seu modelo de espectro, e indicou como esse modelo se relaciona com os recentes desenvolvimentos na psicologia psicanalítica do ego. Com efeito, ele cobriu a escala de desenvolvimento pré-pessoal ou pré-racional com seus três estágios gerais, fulcros e patologias correspondentes (psicótico, limítrofe e neurótico). Neste capítulo, Wilber continua seu relato e examina a escala de desenvolvimento intermediária ou pessoal (com seus três estágios gerais e patologias) e a escala de desenvolvimento superior ou transpessoal (também com três estágios gerais e patologias). O resultado é um amplo espectro da patologia — do pré-pessoal ao pessoal e ao transpessoal — compreensível e específico.

O seguinte resumo do espectro geral da psicopatologia começa com uma revisão dos três primeiros fulcros — que foram mencionados na Parte I — e continua até o Fulcro 9. Para facilitar a apresentação e as referências, dividi esta parte em três tópicos: Pré-pessoal, Pessoal e Transpessoal, cada um dos quais consistindo em três grandes subdivisões, acompanhadas da correspondente patologia. Eu simplesmente enumerei os fulcros (e suas subfases) e assinalei o(s) tipo(s) específico(s) de patologia mais característicos de um dano no desenvolvimento nessa fase ou subfase.

É desnecessário dizer que é preciso ter em mente as precauções e qualificações normais sobre o uso desses modelos hierárquicos de patologia, ou seja, não há casos puros, há influência de diferenças culturais, predisposições genéticas, enfermidades genéticas e traumáticas, e casos mistos (ver Abend, 1983; Gedo, 1981; Mahler, 1975).

CAPÍTULO 3

As Patologias Pré-Pessoais

As patologias "pré-pessoais" ou "pré-racionais" são assim chamadas porque essa escala de desenvolvimento envolve os estágios que levam à emergência de um sentido de *self* racional-individual-pessoal e à sua diferenciação de estruturas pré-racionais, impulsos, processos primários de pensamento, e assim por diante. De acordo com pesquisa recente nesse campo (ver Parte I), inclino-me a ver essa escala de desenvolvimento como consistindo em *três níveis gerais* de desenvolvimento e organização da personalidade, que chamei de F-1, F-2 e F-3, e cujas patologias são, num sentido amplo, a psicótica, a limítrofe e a neurótica. Nas palavras de Jack Engler (ver Parte I): "É importante reconhecer que a patologia do *self* não depende do tipo de personalidade ou caráter, e menos ainda dos sintomas ou grupo de sintomas. Quase todos os *tipos* de personalidade comumente reconhecidos podem ocorrer em qualquer nível de *organização* da personalidade: saudável, neurótico, limítrofe ou psicótico. Até os tipos de caráter mais patológicos — esquizóide, paranóico, infantil — podem ocorrer numa estrutura neurótica" (Stone, 1980). Stone sugeriu que é mais útil pensar clinicamente em termos de um *continuum* para cada tipo de personalidade ou caráter, à medida que ele varia do mais patológico ao menos patológico. De acordo com isso, ele propôs um promissor modelo tridimensional de tipologia da personalidade, que entrelaça tipo de personalidade, nível de organização da personalidade e grau de carga constitucional ou genética. Essa distinção entre estrutura e caráter está apenas começando a ficar clara na psiquiatria clínica e representa uma grande descoberta na compreensão do psicodiagnóstico. Concordo firmemente com Engler e Stone nessa questão central.

Fulcro 1	*1a: Psicoses Autistas* *1b/c: Psicoses Simbióticas Infantis* *Grande parte das Esquizofrenias em adultos* *Psicoses Depressivas*

Aqui seguimos Kernberg e Mahler especificamente.

Fulcro 2	*2a: Distúrbios da Personalidade Narcisista*

As principais características clínicas do distúrbio de personalidade narcisista são a grandiosidade, o sentimento de que seus problemas são únicos e a falta de interesse e empatia pelos outros, apesar de nesse caso a pessoa buscar granjear a admiração e a aprovação dos outros. O paciente que manifesta um distúrbio narcisista de personalidade parece interminavelmente motivado a buscar a perfeição em tudo o que faz, a procurar bens, poder e beleza e a encontrar outros que espelhem e admirem sua grandiosidade. Sob esta fachada defensiva, está um sentimento de vazio e raiva, com a predominância de um forte sentimento de inveja.

O distúrbio narcisista da personalidade deve ser fixado ou refreado antes do nível de desenvolvimento da crise de aproximação, já que uma das tarefas importantes dessa crise não é realizada, ou seja, a deflação da grandiosidade e onipotência infantis [ou seja, a estrutura do *self* se recusa a abdicar do "paraíso"]. A estrutura intrapsíquica do distúrbio narcisista da personalidade preserva a grandiosidade infantil e o laço narcisista com o objeto onipotente (Masterson, 1981).

Especificamente, as representações do *self* e do objeto da estrutura de personalidade narcisista consistem numa unidade fundida entre o *self* grandioso e o objeto onipotente. Tem-se a *experiência* de outras pessoas, de acordo com evidências clínicas, não como indivíduos separados (ou como "objetos completos" separados), com direitos e desejos próprios, mas como extensões ou aspectos do *self* grandioso-exibicionista, servindo à gratificação de necessidades primárias (Kohut, 1971). A única função do mundo é, portanto, *espelhar* a perfeição do *self.* A representação de objeto onipotente fundido contém todo poder, provisões, glória, etc.; a representação do *self* grandioso é a de ser elite, superior, exibicionista, especial, único, perfeito. A unidade fundida de *self*-grandioso/objeto-onipotente forma o *self* central; tão irrefutável é a unidade fundida, que ela aparentemente esconde a unidade fundida subjacente, vazia, cheia de raiva, de inveja e de profundos sentimentos de abandono. Mas, se qualquer pessoa ou objeto deixar de dar ao indivíduo narcisista aquilo que ele está buscando constantemente — isto é, um espelho de sua grandiosa perfeição — então o indivíduo narcisista reage com raiva, afronta e humilhação. Defesas típicas incluem desvalorização, recusa, negação, evitação, separação (particularmente da unidade fundida *self*-grandioso/objeto-onipotente com a unidade vazio/agressividade/depressão) e dramatização (Kernberg, 1976; Kohut, 1971; Masterson, 1981).

2b: Distúrbios da Personalidade Limítrofe

"A crise de aproximação é crucial para o limítrofe, cuja patologia pode ser vista como um reflexo de sua imersão nela e de sua incapacidade de resolvê-la" (Masterson, 1981). Diferentemente da estrutura narcisista, o limítrofe alcançou uma diferenciação parcial das representações do *self* e do objeto. Um indivíduo *separado* começou a emergir, mas sua estrutura é tão tênue ou fraca, que constantemente teme ser tragado ou abandonado pelos outros.

De acordo com Masterson (1981) e Rinsley (1977), isso divide a estrutura do limítrofe em um *self*-parcial indefeso, dependente, submisso, com uma defesa de apego; e um *self*-parcial "totalmente sem valor", "podre", "perverso até o último fio de cabelo", com uma defesa de distanciamento ou retração. Associado ao *self*-parcial submisso-apegado está um objeto-parcial completamente-bom, gratificador e protetor; e associado ao *self*-parcial "podre-distante" está um objeto-parcial completamente-mau, zangado e vingativo.

A estrutura intrapsíquica do limítrofe é, assim, mais complexa do que a do narcisista, porque ela já atingiu um maior grau de diferenciação; mas essa diferenciação não está integrada, deixando o limítrofe com uma série de estruturas ou de unidades parciais fraturadas. O limítrofe, então, oscila tipicamente entre uma submissão quase total ou do tipo camaleão (o que o faz sentir-se "bom"), e um distanciamento taciturno e rabugento com relação aos outros, que — agora tem na conta de zangados, vingativos e detratores — fazem com que ele se sinta um vagabundo, um "verme", totalmente sem valor, desprezivelmente mau (e, às vezes, suicida). A única coisa que o limítrofe não fará é conseguir sua própria separação-individuação (Blanck & Blanck, 1979; Kernberg, 1975, 1976).

Fulcro 3   3a: Neurose Limítrofe

Existem diversos termos nosológicos para esse conjunto de condições: neurose patológica, limítrofe com características neuróticas, etc. O consenso geral, entretanto, é simplesmente de que essas condições são desenvolvimentos neuróticos carregados com deficiências da subfase de separação-individuação, ou uma regressão parcial a estados mais limítrofes, em face de desenvolvimentos neurótico-edipianos muito difíceis (Blanck & Blanck, 1974, 1979; Gedo, 1981).

Assim, para dar apenas dois exemplos, se a sexualidade genital está carregada de deficiências da subfase de aproximação, a compreensão de reações sexuais da pessoa pode ser desviada na direção de ameaças de ser apanhado numa armadilha ou de ser engolido; e se ela for carregada de uma necessidade não metabolizada de espelhamento narcisista, então a inclinação é em direção ao triunfo, extensão possessiva da grandiosidade do *self* ou dominação sádico-raivosa. Para a pessoa caracterizada por elementos de neurose com elementos limítrofes, o diagnóstico cuidadoso e o tratamento bem escolhido são especialmente importantes, porque intervenções apropriadas para sintomas semelhantes próprios de níveis diferentes com o neurótico e o limítrofe costumam ser radicalmente diferentes.

3b. Psiconeuroses

A análise desses distúrbios conhecidos — ansiedade neurótica, síndromes obsessivo-compulsivas, depressão neurótica, fobias, histeria, hipocondria — pode limitar-se aqui a comentários sobre sua importância e significação no espectro geral. As estruturas de *self* inferiores (autista, simbiótica e narcisista) tendem a ser de natureza *monádicas*; as estruturas limítrofes tendem a ser *diádicas*; e as estruturas psiconeuróticas tendem a ser *triádicas*. Nas estruturas monádicas, há basicamente um ator em cena — o *self* se esquece do outro (autista), mistura-se ao outro (simbiótico) ou torna-se parte de uma unidade dual onipotente com o outro (narcisista). Quando a estrutura monádica se diferencia, o *self* e o outro emergem como duas unidades distintas, mesmo que algumas apresentem apenas ligeira distinção. Existem agora dois atores em cena, o *self* e o outro (a mãe)* com toda a alegria e toda a tragédia que isso envolve (Kohut [1977] chama este estágio de "Homem Trágico").

No estágio diádico, a criança ainda é mais ou menos pré-genital. Ela só tem de negociar a diferenciação entre o *self* e o outro; ela não tem de negociar a diferenciação, nela mesma, do masculino e do feminino. Por volta dos dois ou três anos de idade, entretanto, o *self* desperta para sua própria identidade de sexo, e isso introduz três atores em cena: o *self*, a mãe-feminina e o pai-masculino. Esse desenvolvimento enriquece e complica imensamente a situação. Novas capacidades, novos desejos, novos tabus, novas relações de objeto, um novo conjunto completo de conflitos — tudo isso entra em cena de modo tumultuado, com implicações de longo prazo imensamente complexas.

No estágio diádico (F-2), o *self* central é uma estrutura fantasmagórica-emocional-libidinal mais ou menos estável. Não se trata tanto do fato que o *self*, nesse estágio, possua libido, mas sim que o *self*, nesse estágio, *é* um *self* libidinal (Guntrip, 1971). Entretanto, no momento em que passamos da díade do F-2 para a tríade do F-3, a mente-rep conceitual emergiu e (idealmente) diferenciou-se do corpo libidinal. O *self* central agora se identifica e existe como uma estrutura simbólico-conceitual, a saber, o *ego* de mente-rep: não mais um *self* fantasmagórico libidinal, mas conceitual-egóico.

---

* Em inglês, há um jogo de palavras intraduzível em português: other = o outro; mother = mãe. (N.T.)

O ESPECTRO DA PSICOPATOLOGIA

O *self* egóico, portanto, idealmente levou a cabo três tarefas: 1) diferenciou-se horizontalmente de suas novas relações de objeto conceitual; 2) consolidou e integrou sua própria estrutura, que contém internalizações novas e superiores (superego); e 3) diferenciou-se verticalmente de seu estágio de *self* anterior (ou transcendeu-o) — ou seja, ao *self* libidinal — o *self exclusivamente* libidinal *é negado e transcendido*, mas a libido em si (ou o id) *continua existindo* como uma estrutura fundamental, apropriada e necessária.

Mas esse processo geral resulta numa estrutura *tripartida* do *self* de Fulcro-3; ego-superego-id; enquanto no *self* de F-2, a maior parte dos conflitos era interpessoal, no *self* de F-3 a maioria dos conflitos é intrapessoal (ou intrapsíquica). Quando a diferenciação-e-integração não é clara nem completa, existe uma guerra: superego *versus* id (inibição); id *versus* ego (ansiedade, obsessão); superego *versus* ego (culpa, depressão). A estrutura triádica de conflito nas patologias F-3 é uma das ajudas centrais de diagnóstico para diferenciá-las das patologias F-2, estruturadas mais diadicamente (e das patologias monádicas de F-1). Kohut chama isso de "Homem Culpado" em contraposição ao "Homem Trágico".

A estrutura triádica do *self* de F-3 também dá uma pista importante para compreender o verdadeiro significado da psiconeurose no espectro geral de desenvolvimento e patologia. Porque o *self* está em sua ascensão a partir das estruturas básicas de existência, da matéria para o corpo, para a mente, para a alma, para o espírito. A psiconeurose se encontra nesse grande ponto de entroncamento onde a consciência começa a passar de uma existência geralmente corpórea para uma existência geralmente mental, com todas as recompensas e conflitos que isso representa. O corpo pertence à natureza, mas a mente pertence à história; o corpo está ligado ao impulso; a mente, à razão. O corpo é meramente subjetivo; a mente, entretanto, é inter-subjetiva, assumindo livremente o papel de *outros sujeitos* na troca de comunicação e no discurso simbólico. O corpo constitui uma sensação de identidade apenas presente; a mente, por outro lado, apóia um *self* textual e temporal — um *self* histórico, hermenêutico, intencional, interpretativo, significativo, cuidadoso e moral, um *self* que interpreta um texto.

Os *scripts* e papéis sociais da fase F-3 ou edipiana são, entretanto, bastante primários e simples, especialmente em comparação com os que virão a seguir. Para começar, o número e tipo de papéis é bastante simples: criança, pais e irmãos. Posteriormente, os próprios *scripts* e papéis são determinados quase inteiramente (ou, pelo menos, predominantemente) por assuntos meramente libidinais. O complexo de Édipo é um dos *scripts* mais precoces e fundamentais de todos (e *é* um *script*, como Sófocles demonstrou), mas um *script* cujos papéis são levados quase inteiramente por desejos meramente corporais. No fulcro seguinte, os próprios papéis se livram de seus motivos simplesmente corporais ou libidinais e assumem sua própria função e *status* superiores — bem como suas patologias.

CAPÍTULO 4

As Patologias Pessoais

A maioria dos teóricos psicodinâmicos convencionais tende a terminar seus relatos de patologias "graves" no F-3, isto é, na fase edipiana e na sua resolução (ou falta de resolução). Isso talvez seja compreensível; afinal de contas, as patologias clássicas (da esquizofrenia à histeria) realmente parecem ter suas etiologias mais perturbadoras nos primeiros três fulcros de desenvolvimento do *self*. Mas isso de forma nenhuma exaure o espectro de patologias, nem mesmo o espectro de patologias "graves" ou "profundas". Assim, os pesquisadores têm começado a olhar cada vez mais para os estágios superiores ou "pós-edipianos" de desenvolvimento, para suas vulnerabilidades e doenças correspondentes.

Tomem, por exemplo, a idéia de "confusão de papéis" como um todo. A própria capacidade de assumir papéis genuinamente é um desenvolvimento pós-edipiano decisivo (a capacidade de assumir o papel do outro não aparece de nenhuma forma sofisticada, senão por volta da idade de 7-8 anos [Piaget, 1977; Loevinger, 1976], ao passo que a idade típica da resolução edipiana é 6 anos). Assim, uma pessoa poderia, teoricamente, resolver o conflito edipiano de uma forma completamente normal e saudável, só para se ver às voltas com a confusão de papéis e de identidade, por motivos sem relação nenhuma com os conflitos e preocupações edipianos. Estes parecem níveis completamente diferentes (não apenas linhas) de desenvolvimento, com conflitos e vulnerabilidades completamente diferentes. Esses conflitos são muito mais cognitivos do que psicodinâmicos em natureza e origem, mas podem ser tão debilitantes e perturbadores quanto eles. A toda essa escala de preocupações existenciais, cognitivas e de identidade chamo de reino "intermediário" ou "pessoal" e, baseado em recente pesquisa, dividi-a em três níveis mais importantes (F-4, F-5 e F-6), que chamo respectivamente de "*script*-cognitivo", nível de "identidade" e nível existencial.

Fulcro 4   *A Patologia de Script Cognitivo e o Self de Papéis*

O Fulcro 4 começa a vir à luz à medida que o *self* central transcende sua identificação exclusiva com a mente-rep (e seus projetos edipianos) e começa a identificar-se com a mente regra/papel. A mente regra/papel (ou "conop"), como Piaget demonstrou (1977), é a primeira estrutura que não só pode imaginar um papel, mas pode realmente assumir o papel de outros. Isso abre uma dimensão completamente nova de relações de objeto, com um novo sentido de *self* (Loevinger), um novo conjunto de necessidades do *self* (Maslow), uma nova sensibilidade moral (Kohlberg), um novo modo de vida e um novo modo de morte. Nas patologias F-3 (as psiconeuroses), a luta entre a vida e a morte (ou entre preservação ou negação) concentrada principalmente nas preocupações e nos impulsos corporais — desejo por objetos corporais-libidinais, medo de dano corporal (castração, mutilação, etc.). A luta entre a vida e a morte, própria do *self* F-4,

O ESPECTRO DA PSICOPATOLOGIA 73

entretanto, concentra-se muito mais em suas regras e papéis — um desejo de adequação, de pertencer, de encontrar seu lugar ou seu papel entre outros papéis; de compreender as regras; com um medo correspondente de perder o próprio rosto, de perder o papel, de quebrar as regras (o estágio conformista de Loevinger, o estar integrado de Maslow, o convencional de Kohlberg, etc.).

Por "patologia de *script*" ou "neurose de *script*" entendo, por exemplo, o trabalho extensivo da Análise Transacional sobre teoria e *scripts* de jogos, e dos teóricos da comunicação sobre assumir papéis (Selman e Byrne, 1974; Watzlawick, 1967). Obviamente, os *scripts* e jogos conceituais (e seus precursores) chegam até o desenvolvimento F-3; mas é no F-4 que assumem uma influência central e dominante. O mecanismo de defesa proeminente nesse estágio é a "transação de duplicidade" — o indivíduo comunica abertamente uma mensagem (ex., "Eu só quero o melhor para você"), enquanto secretamente implica outra ("Não me deixe"); se a mensagem oculta é desmascarada, o indivíduo a nega enfaticamente. As mensagens secretas ou assuntos ocultos são as estruturas patológicas-chave no *self* F-4; quando extremas, elas resultam numa divisão ou dissociação interior do *self*-texto, análoga à repressão em F-3 e à divisão em F-2. A patologia de *script* e as razões pelas quais ela não pode ser reduzida a uma patologia psiconeurótica serão analisadas com mais detalhes no Capítulo 5.

Fulcro 5   Neurose de Identidade

O surgimento da estrutura básica formal-reflexiva cria a possibilidade do desenvolvimento do *self* F-5: uma estruturação do *self* muito diferenciada, reflexiva e introspectiva. O *self* F-5 deixou de estar atado, de maneira irreflexiva, aos papéis sociais e à moralidade convencional; pela primeira vez, ele pode depender de seus próprios princípios individuais de razão e consciência (o estágio pós-convencional de Kohlberg, ou consciente-individualista de Loevinger, etc.). Pela primeira vez, também, o *self* pode conceber possíveis (ou hipotéticos) futuros (Piaget), com metas inteiramente novas, novas possibilidades, novos desejos (vida) e novos medos (morte). Ele pode conceber possíveis sucessos, e possíveis fracassos, de uma forma nunca antes imaginada. Ele pode ficar acordado à noite, presa de preocupações ou agitado pela antecipação de todas as possibilidades! Ele se torna um filósofo, um sonhador no melhor sentido; um espelho internamente reflexivo, abismado com sua própria existência. "*Cogito, ergo sum.*"

"Neurose de identidade" significa especificamente todas as coisas que podem dar errado no surgimento dessa estrutura auto-reflexiva. Será que ela tem força o bastante para libertar-se da mente regra/papel e apoiar-se em seus próprios princípios de consciência? Pode ela, se necessário, reunir coragem para marchar ao som de um tambor diferente? Ousará pensar por si mesma? Será vencida pela ansiedade ou depressão na iminência de sua própria emergência? Essas preocupações — que infelizmente muitos teóricos das relações de objeto reduzem a dimensões de separação-individuação F-2 — formam o âmago do *self* F-5 e de sua patologia de identidade. Erikson (1959, 1963) escreveu talvez os estudos definitivos sobre o desenvolvimento próprio do *self* F-5 ("identidade *versus* confusão de papéis"). Tudo o que pode ser acrescentado aqui é a observação de que *problemas filosóficos* são uma parte integrante do desenvolvimento F-5, e a educação filosófica uma parte integrante e legítima da terapia nesse nível (ver a seção sobre esse tema no Capítulo 5).

Fulcro 6   Patologia Existencial

Preciso primeiro distinguir entre "existencial" como um nível específico do desenvolvimento do *self* (F-6) e "existencial" como um conflito específico que pode ocorrer e ocorre em todos os níveis de desenvolvimento do *self.* O último ("conflito existencial") é simplesmente uma forma de ver a batalha entre a vida, a morte, ou entre preservação e negação que ocorre em cada um dos estágios de desenvolvimento. Trauma de nascimento, crise de aproximação, separação-individuação, tragédias edipianas, choque de papéis, neurose de identidade — todos esses podem ser descritos como "existenciais", simplesmente porque envolvem acontecimentos profundos e significativos no curso da existência humana (*Dasein*). A abordagem existencial encara cada estágio do desenvolvimento, não apenas em termos de seu "conteúdo" (limítrofe, edipiano, etc.), mas também a partir do contexto ou categorias de existência em si, ou os vários modos e estágios de estar-no-mundo. É por isso que os dilemas e impulsos centrais de cada estágio do desenvolvimento do *self* também podem ser conceitualizados como um problema existencial entre vida e morte, entre conservação e negação ou preocupação existencial, apesar de as formas externas dessa batalha existencial obviamente variarem de nível para nível. Esta é a abordagem de Boss (1963), de Binswanger (1956), de Yalom (1980), de Zimmerman (1981), de May (1977) e de outros, que aceito em parte.

Agora, o "nível existencial", da forma como uso aqui esse termo, refere-se a um nível específico do desenvolvimento da estrutura básica ("visão lógica") e ao estágio correspondente de desenvolvimento do *self* ("centauro"). Ela é chamada de "existencial" por três razões: 1) Se a mente formal-reflexiva é Descartes, a mente existencial é Heidegger: toda a sua filosofia é maravilhosamente saturada com esse nível de consciência (como uma verdadeira descoberta, não como uma simples fabricação subjetiva); 2) A auto-estrutura desse nível, como demonstrou Broughton (1975), é aquela em que "mente e corpo se experimentam como uma totalidade integrada". Essa integração pessoal entre a mente e o corpo — portanto, que chamo de "centauro"

— parece a meta daquelas terapias que se denominam "humanistas-existenciais". (Isso não se refere a muitas abordagens populares que se chamam a si mesmas "humanistas" ou "existenciais", mas que, de fato, são pseudo-humanistas e pseudo-existenciais, e incorporam técnicas eficazes de regressão e glorificação do "paraíso" fantasma-górico-emocional ou narcisista, que são enganosamente identificadas como "consciência superior"); 3) esse é o nível mais alto de consciência que muitas abordagens autenticamente humanistas-existenciais parecem reconhecer.

Uma revisão da literatura sugere que as mais importantes preo-cupações do F-6 ou *self* existencial são: autonomia pessoal e integração (Loevinger); autenticidade (Kierkegaard, Heidegger); e auto-realização (Maslow, Rogers). Os sentimentos ligados a esse nível são: uma preo-cupação com o *significado* geral na vida (ou estar-no-mundo); a angústia ante a mortalidade pessoal e a finitude pessoal e a busca da coragem de existir em face da solidão e da inevitabilidade da morte. Quando a mente-formal começa a conceber as *possibilidades* da vida e a alçar vôo nessa recém-descoberta liberdade, a mente existencial (por via da visão-lógica) *soma* as possibilidades e chega a esse resultado: a vida pessoal é uma breve centelha no vazio cósmico. A forma como o *self* existencial lida com os novos potenciais de autonomia e auto-realização, e a forma como ele luta com os problemas do ser "finito", da morte e da aparente falta de sentido — eis os temas fundamentais da patologia F-6.

As síndromes comuns incluem:

1. *Depressão existencial* — uma depressão global e difusa ou um "estancamento da vida" em face da percepção da falta de sentido.
2. *Falta de autenticidade* — que Heidegger (1962) definiu como falta da profunda consciência e da aceitação de sua própria "finitude" e mortalidade.

3. *Isolamento existencial e estranheza* — um *self* suficientemente forte que, apesar de tudo, não se sente "em casa" neste mundo.

4. *Auto-realização abortada* — Maslow (1971): "Eu aviso, se você, deliberadamente, começar a ser menos do que aquilo que você é capaz de se tornar, você será profundamente infeliz pelo resto da sua vida."

5. *Ansiedade existencial* — a ameaça de morte ou perda da própria modalidade auto-reflexiva de estar-no-mundo (uma ansiedade que "não pode" acontecer antes dos Fulcros 5 e 6, porque é a partir desse momento que aparece a verdadeira capacidade da reflexão formal).

Nem todos os casos de "falta de sentido", por exemplo, devem ser automaticamente considerados como existenciais (no sentido de que têm origem no nível existencial). A depressão de abandono do limítrofe e a depressão psiconeurótica, por exemplo, também produzem estados afetivos de falta de sentido. Mas o tédio existencial tem um "sabor" específico e inconfundível; uma estrutura de *self* estável e altamente diferenciada-integrada apresenta o sintoma; trata-se de uma depressão que envolve pensamento, constância, preocupação e profundidade; não apresenta nada da "lamentação" do limítrofe, nem a culpa do psiconeurótico; ela contempla resolutamente o cosmos e então, por uma razão qualquer, se desespera de encontrar algum sentido pessoal. Interpretações dessa depressão com base nas estruturas de nível inferior — psiconeurótico, limítrofe, ou seja lá o que for — intuitivamente parecem "tolas" ou irrelevantes para o terapeuta atento. Vejamos um exemplo clássico de tédio extraído de Tolstói (1929):

> A questão, que no meu qüinquagésimo aniversário me levou à idéia de suicídio, era a mais simples de todas as questões que jazem na alma de todo homem: "O que advirá daquilo que estou fazendo agora e do que eu possa

fazer amanhã? O que advirá de toda a minha vida?" Em outras palavras: "Por que eu deveria viver? Por que eu deveria desejar alguma coisa? Por que eu deveria fazer alguma coisa?" Ainda, em outras palavras: "Existe algum sentido na minha vida que não seja aniquilado pela morte inevitável que me espera?"

CAPÍTULO 5

As Patologias Transpessoais

Como nos domínios pré-pessoal e pessoal, o domínio transpessoal é dividido aqui em três níveis de desenvolvimento mais importantes e em suas correspondentes patologias, que eu chamo de físico, sutil e causal. Eu gostaria de enfatizar, entretanto, que a análise que se segue é uma investigação superficial. Tentei, em todo caso, adotar uma posição suficientemente neutra e equilibrada com relação às diferentes escolas contemplativas, mas percebo que algumas delas podem não concordar com a descrição que faço dos estados superiores ou de suas possíveis patologias. Assim, se certas escolas contemplativas fazem objeção ao uso dos termos "psíquico", "sutil" e "causal", eu as convido a substituí-los por termos mais neutros, tais como estágio "inicial", "intermediário" e "avançado", e então interpretar o que se segue de acordo com sua própria tradição. Apresento o assunto não como uma série de conclusões dogmáticas, mas como uma forma de iniciar o debate sobre um tópico que tem sido lamentavelmente negligenciado tanto pelas escolas convencionais como pelas contemplativas.

Fulcro 7   *Distúrbios Psíquicos*

A emergência da estrutura psíquica básica traz com ela a possibilidade de um outro nível de desenvolvimento do *self* e de patologia associada. Por "patologia psíquica" (ou "patologia F-7") entendo especificamente todas as crises e patologias espirituais de "nível inferior", que podem: 1) despertar "espontaneamente" numa alma relativamente desenvolvida; 2) penetrar qualquer dos níveis inferiores de desenvolvimento durante períodos de forte *stress* (*e.g.* episódios psicóticos); e 3) atrapalhar o praticante *iniciante* de uma disciplina contemplativa.

1. A patologia psíquica mais dramática ocorre no despertar espontâneo, e geralmente involuntário, das faculdades e energias psíquico-espirituais. Na melhor das hipóteses, essas crises são incômodas; na pior, podem ser devastadoras, até para alguém que esteja seguramente ancorado num *self* centáurico. O despertar da Kundalini, por exemplo, pode ser uma "dinamite psicológica". Exemplos excelentes dessas patologias psíquicas podem ser encontrados em Gopi Krishna (1972), John White (1979) e William James (1961).

2. Um dos aspectos mais desconcertantes dos surtos esquizofrênicos passageiros ou de episódios do tipo psicótico é que eles freqüentemente canalizam compreensões espirituais bastante profundas, mas fazem isso por meio de uma estrutura do *self* que é neurótica, limítrofe ou mesmo notadamente psicótica (especialmente a esquizofrênica paranóica). Quem quer que esteja acostumado com a *philosophia perennis* pode quase imediatamente perceber se algum dos elementos de um episódio do tipo psicótico específico apresentam componentes universais espirituais, e então pode muito facilmente diferenciar as neuroses e psicoses que têm componentes

espirituais das patologias mais comuns (e freqüentemente de mais fácil tratamento) que se originam unicamente nos níveis psicótico ou limítrofe.

3. Praticante iniciante — As patologias psíquicas que assediam o noviço incluem:

a) *Inflação psíquica* — As energias e intuições universais e transpessoais próprias do nível psíquico aplicam-se exclusivamente ao ego individual ou centauro, com resultados extremamente desequilibradores (particularmente, se houver resíduos de subfase narcisista na estrutura do *self*).

b) *Desequilíbrio estrutural devido à prática defeituosa de técnica espiritual* — Isso é particularmente comum nos caminhos da purificação e da purgação; na Yoga Kriya e Charya; e em técnicas mais sutis, como a *mantrayana*. O desequilíbrio geralmente se manifesta no estado de ansiedade em flutuação suave, ou nos sintomas psicossomáticos de conversão (dores de cabeça, ligeira arritmia, mal-estar em função de problemas intestinais, etc.).

c) *A Noite Escura da Alma* — Quando a alma tem a impressão ou a experiência direta do Divino, com a concomitante visão, êxtase ou iluminação, e a experiência começa a se desvanecer (o que inicialmente acontece), a alma pode sofrer uma profunda depressão de abandono (que *não* deve ser confundida com depressão limítrofe, neurótica ou existencial; nesse caso, a alma *percebeu* seu significado na vida, seu destino, apenas para vê-lo desvanecer-se — essa é a Noite Escura).

d) *Divisão de objetivos vitais* — Por exemplo, "Permaneço no mundo ou me retiro para meditar?"; isso pode ser extremamente doloroso e psicologicamente paralisante. Expressa uma forma de profunda divisão entre as necessidades superiores e inferiores do *self*, análoga à divisão do texto na patologia de *script*, à repressão nas psiconeuroses, etc.

e) *"Pseudoduhkha"* — Em alguns caminhos da meditação (*e.g.*, vipassana), em que a investigação da própria natureza do fenômeno da consciência é enfatizada, a fase inicial de treinamento da percepção (particularmente o "estágio da reflexão") traz uma percepção cada vez maior da natureza penosa da própria existência manifesta. Quando essa percepção se torna avassaladora — mais avassaladora do que a que o próprio treinamento deveria invocar — falamos de "pseudoduhkha". Pseudoduhkha é freqüentemente o resultado de contaminação residual, existencial, psiconeurótica, ou, mais freqüentemente, residual limítrofe, do fulcro psíquico de desenvolvimento. O indivíduo não ganha uma compreensão da amargura da vida; ele simplesmente se torna amargo. Essa depressão psíquica pode ser efetivamente uma das mais difíceis de tratar; particularmente porque freqüentemente é sustentada pela racionalização de que, de acordo com o Budismo (malcompreendido), o mundo é *presumidamente* sofrimento. Nesses casos, o *menos adequado* é continuar praticando o vipassana.

f) *Distúrbios prânicos* — Isso se refere ao mau direcionamento da energia Kundalini nos estágios iniciais do seu despertar. Vários canais psíquicos (prânicos) são super ou subdesenvolvidos, cruzados ou prematuramente abertos, *e.g.*, distúrbios causados por cavalgar inadequadamente os ventos *"windhorse"*(*rlung*) de que nos fala o Budismo Tibetano. Os distúrbios prânicos geralmente são causados pela visualização e concentração impróprias. Elas são particularmente difundidas na Raja Yoga, na Siddha Yoga, na Yoga Tantra e na Any Yoga. Sintomas psicossomáticos dramáticos em geral são comuns, incluindo espasmos musculares quase incontroláveis, dores de cabeças fortes, dificuldade para respirar, etc.

g) *"Doença ióguica"* (Aurobindo) — Esse distúrbio, de acordo com Aurobindo, ocorre quando o desenvolvimento dos níveis de cons-

O ESPECTRO DA PSICOPATOLOGIA

83

ciência superiores ou psíquicos exerce uma tensão indevida no corpo físico-emocional. A grande intensidade de energias psíquicas e sutis pode, por assim dizer, sobrecarregar os "circuitos inferiores", e provocar (de acordo com Aurobindo) qualquer coisa, desde alergias a problemas intestinais ou a problemas cardíacos. Talvez, se fosse vivo hoje, ele tivesse acrescentado câncer, como testemunham os problemas de saúde de Ramana Maharshi, de Susuki Roshi, etc.

Fulcro 8   Distúrbios Sutis

A emergência da estrutura de consciência básica sutil traz com ela a possibilidade do desenvolvimento de nível sutil do *self*; um modo de *self* novo e superior, com novas relações de objeto, novas motivações, novas formas de vida, novas formas de morte — e novas formas de possíveis patologias.

Os dois pontos vulneráveis da patologia F-8 se referem a: 1) a diferenciação-separação-transcendência da dimensão mental-psíquica anterior, e 2) a identificação-integração-consolidação do *self* sutil-arquetípico e de suas relações de objeto. Aparentemente, essa patologia ocorre mais freqüentemente em pessoas que fazem meditação no nível intermediário e avançado. Algumas de suas muitas formas são as seguintes:

1) *Deficiência na Integração-Identificação* — A estrutura básica sutil — que é concebida e percebida de diversas formas como o Ser, a Força, uma Compreensão, uma Forma Divina ou uma Presença de *self*-luminoso (todas elas, por amor à simplicidade, são referidas aqui como Presença ou Percepção Arquetípica) — é aprendida primeiramente, falando metaforicamente, "acima e atrás" da consciência mental-psíquica. Posteriormente, à medida que a contemplação se aprofunda, o *self* se diferencia de seu ancoramento psíquico e

ascende a uma identificação intuída com esse Substrato, Introvisão, Presença ou Percepção Arquetípica. "Aos poucos, percebemos que a Forma ou Presença Divina é o nosso arquétipo, uma imagem da nossa própria natureza essencial" (Hixon, 1978). Essa Identidade desperta concomitantemente com um *testemunho* estável das relações de objeto de consciência sutil — espaço infinito, iluminações audíveis (*nada*), domínios Brahma de conhecimento ascensionado (no guru yoga, isso também inclui uma identificação intuída com o guru e sua linhagem como *Self* Arquetípico). Uma *deficiência* em perceber essa Identidade-Percepção Anterior, *depois* que o praticante se acha de fato estruturalmente capaz disso, é a patologia central dessas síndromes, porque constitui, a essa altura, uma fratura entre o *self* e o Arquétipo; em termos cristãos, uma patologia da alma.

Essa fratura acontece por uma razão fundamental: identificar-se com e como Presença ou Percepção Arquetípica exige a *morte* do *self* mental-psíquico. Em vez de sofrer essa humilhação, o *self* se *contrai* em seu próprio ser separado, fraturando, assim, a identidade arquetípica anterior e superior. *Fragmentos* da Presença Arquetípica aparecem então como *objetos* de uma percepção ainda dualista, em vez de a Presença Arquetípica total agir como sujeito anterior e intuído da consciência transcendental. Em outras palavras, em vez de *ser* Percepção Arquetípica (como sujeito), o *self*, na meditação, simplesmente observa fragmentos dela (como objetos). A consolidação (8c) não é alcançada.

2. *Pseudonirvana* — Isso é simplesmente a confusão das formas, das iluminações, êxtases, introvisões ou absorções sutis e arquetípicas com a liberação final. Não se trata de uma patologia, a não ser que a pessoa esteja de fato procurando o nível de consciência causal ou final. Nesses casos, *todo* o reino sutil e todas as suas experiências, quando nos ligamos a ele, é considerado patológico, "makyo", ilusões sutis — o que o Zen chama de "doença zen".

O ESPECTRO DA PSICOPATOLOGIA

3. *Pseudo-realização* — Esse é o nível sutil equivalente ao pseudoduhkha no nível psíquico. À medida que a meditação vipassana avança para os níveis sutis de percepção, um estado de compreensão, chamado "realização", desperta (além do qual está a "compreensão sem esforço", o mais alto dos níveis sutis de desenvolvimento). No estágio da realização, qualquer conteúdo da consciência parece aterrorizador, opressivo, doloroso e detestável; há uma dor física extrema e grande mal-estar mental e psíquico. Entretanto, essa não é a patologia desse estágio, mas a *normalidade* nesse estágio, que envolve uma compreensão profunda da natureza definitivamente insatisfatória dos fenômenos, quando considerados separados do numinoso. Esta dor e repulsa intensas agem como a motivação para se transcender toda manifestação concebível na absorção nirvânica. A patologia da pseudo-realização ocorre quando esse processo não se acelera e a alma fica encalhada nas praias de sua própria agonia. Embora os teóricos do Theravada critiquem essa terminologia e suas implicações, parece que, em sua profunda estrutura, essa patologia é idêntica ao que anteriormente foi chamado de fracasso em ativar a Percepção Arquetípica e a evidência estável de todas as relações de objeto do nível sutil.

Fulcro 9   Distúrbios Causais

O último fulcro importante do desenvolvimento do *self* tem como seus dois ramos (c e d) o Sem Forma ou Não-manifesto (9c), e todo o mundo da Forma, ou Reino Manifesto (9d). O desenvolvimento normal envolve uma diferenciação apropriada (no nível causal) e sua integração final (no nível último). A patologia, por sua vez, resulta de falhas em qualquer um desses dois movimentos cruciais.

1. *Falha de Diferenciação* — Certa incapacidade em aceitar a morte final do *self* arquetípico (que é simplesmente o nível mais sutil do

sentido de *self-separado*) aprisiona a consciência num apego a algum aspecto do reino manifesto. A Grande Morte jamais ocorre, e assim a Consciência falha em diferenciar-se do reino manifesto ou em transcendê-lo. A queda no Coração é bloqueada pela mais sutil comparação, identificação, busca ou desejo; o bloqueio final: o desejo de liberação.

2. *Falha na Integração ou Doença de Arhat* — A consciência consegue se diferenciar de *todos* os objetos da consciência, ou de todo o reino manifesto, a ponto de nenhum objeto nem sequer aparecer na consciência (*jnana samadhi, nirvikalpa samadhi, nirvana*). Apesar de ser essa a meta "final" de alguns caminhos, na realidade existe agora uma sutil separação, dualismo ou tensão na consciência, a saber, entre os reinos manifesto e não-manifesto. Só quando essa separação é penetrada é que o reino manifesto aparece como uma modificação da Consciência, não como um desvio dela. Esse é o clássico *sahaj-bhava samadhi*. Não li nenhum texto que mencionasse um nível além desse; tampouco ouvi algum sábio fazer semelhante menção.

A Fig. 10 é um resumo esquemático de nossa análise até aqui: as estruturas do *self* correspondentes e as possíveis patologias que podem ocorrer em cada fulcro.

O ESPECTRO DA PSICOPATOLOGIA

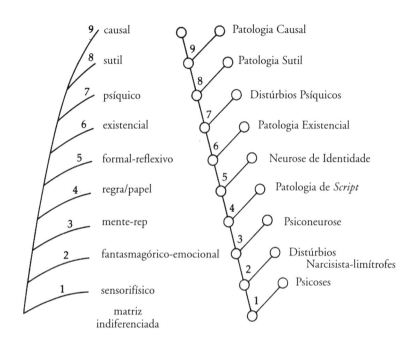

Estruturas Básicas
da Consciência

Fulcros Correspondentes
do Desenvolvimento do *Self*

Psicopatologias
Características

FIGURA 10
RELAÇÃO ENTRE ESTRUTURAS, FULCROS E PSICOPATOLOGIAS

PARTE III

Modalidades de Tratamento

CAPÍTULO 6

Modalidades de Tratamento

Nesta seção, Wilber conclui sua apresentação sobre as várias modalidades de tratamento ou de intervenções terapêuticas que parecem mais apropriadas para cada um dos níveis mais importantes de psicopatologia. Na seção final, ele examina a natureza do narcisismo, dos sonhos e da psicoterapia/meditação, à luz do modelo de espectro.

Vimos que patologias qualitativamente diferentes são associadas a níveis de organização e desenvolvimento do *self* qualitativamente diferentes. Pode-se esperar, então, que um nível específico de patologia profunda responda melhor a um tipo específico de intervenção psicoterapêutica. Nesta seção, eu gostaria de analisar as modalidades de tratamento que parecem mais adequadas a cada tipo ou nível de patologia do *self*. Algumas dessas modalidades de tratamento foram, na realidade, projetadas especificamente para tratar de um tipo específico de psicopatologia e são, freqüentemente, contra-indicadas em outras síndromes.

Fulcro 1 (Psicoses): Intervenção Fisiológica

A maior parte das formas de psicose grave ou dos processos psicóticos não reagem bem (ou não reagem de forma nenhuma) à terapia psicanalítica, à psicoterapia, à psicologia analítica, à terapia familiar, etc. (Greist, 1982) — apesar de esforços repetidos e pioneiros nessa área (Laing, 1967). Essas perturbações parecem ocorrer num nível tão primitivo de organização (sensoriperceptual e fisiológico), que só a intervenção num nível *igualmente primitivo* pode ser efetiva — a saber, farmacológica ou fisiológica (as quais não eliminam a psicoterapia como um tratamento auxiliar [Arieti, 1967; Greist, 1982]).

Fulcro 2 (Distúrbios Narcisista-limítrofes): Técnicas de Construção de Estrutura

O problema central nas síndromes narcisistas e limítrofes não é que o indivíduo esteja reprimindo certos impulsos ou emoções do *self,* mas sim que ele/ela ainda não possui um eu separado-individuado (Blanck & Blanck, 1979). Em certo sentido, ainda não há um inconsciente reprimido (ou uma *barreira de repressão*) (Gedo, 1981). Todos os vários pensamentos e emoções estão presentes e amplamente conscientes, mas há uma considerável confusão quanto a saber *a quem* eles pertencem — em outras palavras, existe uma fusão, confusão ou divisão do eu e das representações de objeto. O eu ainda não é forte nem estruturado o suficiente para levar conteúdos ao inconsciente; em vez disso, ele simplesmente reorganiza a mobília da superfície. Os limites entre o eu e o outro são confusos (narcisismo), ou são muito tênues (limítrofes), e o eu embaralha seus sentimentos e pensamentos indiscriminadamente entre o eu e o outro, ou agrupa todos os seus bons sentimentos em um sujeito (o *objeto-parcial todo bondade*) e os seus maus sentimentos em outro (o *objeto-parcial todo maldade*) (Masterson, 1981).

Portanto, o alvo da terapia nesse nível não é tanto revelar impulsos ou necessidades inconscientes, mas construir a estrutura. De fato, diz-se freqüentemente que o alvo da terapia com esses clientes estruturados *menos do que neuroticamente* é torná-los capazes de alcançar o nível de neurose, repressão e resistência (Blanck & Blanck, 1979). A terapia no nível do Fulcro, portanto, envolve as assim chamadas "técnicas de construção de estrutura", em contraste com as "técnicas de revelação", usadas quando se lida com repressão e psiconeurose (Gedo, 1979, 1981; Blanck & Blanck, 1974, 1979).

O objetivo das técnicas de construção de estrutura, muito simplesmente, é ajudar o indivíduo a recomeçar e completar o processo de separação-individuação (Fulcro 2) (Masterson, 1981). Isso envolve uma compreensão (um enfraquecimento) das duas defesas centrais que o indivíduo usa para evitar que a separação-individuação ocorra: a identificação projetiva (ou fusão das representações do eu e do objeto) e a divisão (Kernberg, 1976; Rinsley, 1977). Na identificação projetiva (ou defesa de fusão), o *self* funde seus próprios pensamentos e sentimentos (e particularmente representações de si mesmo) com os dons dos outros. Observe-se que os pensamentos e os sentimentos permanecem mais ou menos consciente; eles não são reprimidos, simplesmente tendem a ser fundidos ou confundidos com os dos outros. Essa incapacidade de diferenciar o *self* próprio dos demais leva o *self* a engolir o mundo (distúrbios narcisistas), ou o mundo a invadir e ameaçar o *self* (distúrbios limítrofes). Na divisão, os pensamentos e sentimentos particulares também permanecem conscientes em grande escala, mas são separados ou compartimentalizados de forma bastante primitiva. A divisão começa aparentemente desta forma: durante os seis primeiros meses de vida, mais ou menos, se a pessoa que cuida do bebê lhe dá carinho, ele forma uma imagem da "boa mãe"; se ela o perturba, forma-se uma imagem da "mãe má". Nesse estágio inicial, entretanto, o *self* não tem capacidade cognitiva para perceber que as "boas imagens" e as "más imagens" são simplesmente dois aspectos diferentes da *mesma* pessoa (ou "objeto total"), a saber, a mãe real. Entretanto, à medida que o desenvolvimento continua, a criança precisa aprender a integrar "o objeto-parcial todo bondade" com o "objeto-parcial todo maldade" numa imagem completa do objeto, que *algumas vezes* é bom e *algumas vezes* é mau. Essa é considerada uma tarefa de importância crucial porque, se há uma raiva excessiva com relação ao "objeto-parcial todo maldade", a criança não vai integrá-lo no amado "objeto-parcial todo bondade", com medo de que este seja prejudicado pelo primeiro. Em linguagem menos técnica, a criança não quer se conscientizar de que a pessoa que ela odeia é também a pessoa que ela ama, porque a raiva assassina contra a primeira pode destruir a segunda. A criança, portanto, *continua* a manter separado, ou dividido, o seu mundo de objeto em partes totalmente boas e em partes totalmente más (e, portanto, reage exageradamente a situações, como se elas fossem questões dramáticas de vida ou morte, "completamente boas" ou "completamente más" (Spitz, 1965; Jacobson, 1964; Kernberg, 1976).

Em resumo, as patologias F-2 acontecem porque *não há estrutura suficiente* para diferenciar as representações do *self* e do objeto e para integrar suas imagens parciais em uma imagem global de si mesmo e numa imagem global do mundo. As técnicas de construção de estrutura visam exatamente essa diferenciação e integração.

É muito difícil descrever, num parágrafo, o que essas técnicas envolvem. Resumidamente, podemos dizer isto: o terapeuta, tendo em mente as subfases de desenvolvimento do F-2, recompensa delicadamente todo movimento para a separação-individuação e confronta benignamente ou explica todos os movimentos para a não-diferenciação e divisão. Ao mesmo tempo, qualquer distorção da realidade — causada por identificação projetiva ou divisão — é apontada e desafiada, sempre que possível (isso é conhecido como "desilusão mais favorável", "confrontação", etc.). Alguns comentários típicos de terapeutas, parafraseados da literatura, exemplificam esse nível de terapia: "Você já reparou como você é sensível ao menor comentário? É como se você quisesse que o mundo refletisse perfeitamente tudo o que você faz; caso contrário, você ficaria magoado e irritado" (transferência narcisista de espelho). "Até agora você não disse uma única coisa ruim sobre o seu pai. Ele era realmente tão bom assim?" (divisão). "E se o seu marido deixar você? Isso iria realmente matá-la?" (medo de separação e abandono). "Talvez você tenha evitado uma relação sexual realmente íntima porque tem medo de ser engolido ou sufocado?" (medo de ser tragado).

Uma característica comum das técnicas de construção de estrutura é ajudar os clientes a perceber que eles podem *ativar a si mesmos*, ou *iniciar a separação-individuação*, e que isso não vai destruí-los, nem a seus entes queridos. Fontes dessas técnicas incluem Blanck & Blanck (1974, 1979), Masterson (1981), Kernberg (1976) e Stone (1980).

Fulcro 3 (Psiconeuroses): Técnicas de Revelação

Quando uma estrutura do *self* suficientemente forte já se formou (mas não antes disso), ela pode reprimir, dissociar ou alienar aspectos do seu próprio ser. As técnicas de revelação são elaboradas especificamente para trazer esses aspectos inconscientes de volta à consciência, na qual podem ser reintegrados ao eu central. Os leitores podem ter bastante familiaridade com essas técnicas, que incluem a própria psicanálise (Greenson, 1967), muito de Gestalt (Perls, 1971) e a terapia junguiana de "integração da sombra" (Jung, 1971).

Vale a pena enfatizar aqui a importância de um diagnóstico inicial, mais ou menos acurado, do nível de patologia envolvido em cada caso, antes de iniciar a terapia intensiva (cf. Gedo, 1981; Masterson, 1981). É de pouco valor, por exemplo, tentar integrar a sombra com o *self* egóico quando, para começar, não existe um *self* egóico suficientemente estável. Os tipos de modalidades de tratamento são caracteristicamente diversos, e muitas vezes funcionalmente opostos. Em patologias F-3, por exemplo, a resistência geralmente é confrontada e interpretada (como um sinal de repressão); mas nas patologias F-2, ela é estimulada e incentivada (como um sinal de separação-individuação). Fontes para esses diagnósticos diferenciados incluem Kernberg (1975, 1976), Masterson (1981), Gedo (1981), e Blanck & Blanck (1974, 1979).

Fulcro 4 (Patologia de Script): Análise de Script Cognitivo

Muitos teóricos convencionais da psicodinâmica tendem a terminar seus relatos de patologias "sérias" na F-3, isto é, na fase edipiana e suas resoluções (ou na falta delas) (ver, por exemplo, Greenson, 1967). Isso talvez seja compreensível; afinal as psicopatologias clássicas (da psicose à histeria) realmente parecem ter suas etiologias mais perturbadoras nos três primeiros fulcros de desenvolvimento do *self* (cf. Abend, 1983, Kernberg, 1976). Mas isso, de forma nenhuma, exaure o espectro de patologias, nem mesmo o espectro de patologias "graves" ou "profundas". De acordo com isso, as pesquisas começaram a observar cada vez mais os estágios avançados ou pós-edipianos de desenvolvimento e suas respectivas vulnerabilidades e doenças.

Tome-se, por exemplo, a idéia de "confusão de papéis". A capacidade genuína de assumir um papel é um desenvolvimento pós-edipiano (a capacidade de assumir o papel de outros só emerge, em

MODALIDADES DE TRATAMENTO

qualquer forma sofisticada, mais ou menos na idade de 7-8 anos [Piaget, 1977; Loevinger, 1976], ao passo que a idade típica de resolução edipiana é 6 anos). Assim, teoricamente, uma pessoa poderia resolver o conflito edipiano de uma forma completamente normal e saudável, e acabar às voltas com confusão de papéis e confusão de identidade, por motivos sem nenhuma relação com conflitos ou preocupações edipianas. Aqui estamos lidando com diferentes níveis (e não simplesmente linhas) de desenvolvimento, com diferentes conflitos e vulnerabilidades. *Esses conflitos são muito mais cognitivos do que psicodinâmicos em sua natureza e origem*, porque a essa altura o *self* está, cada vez mais, evoluindo dos níveis corporais de espectro para os mentais.

Uma das contribuições de Berne (1972) foi a investigação desse nível crucial do *self* — o *self* textual ou de *script* — em seus próprios termos, sem reduzi-lo a dimensões simplesmente neuróticas ou de libido. Berne começou com o ego tripartido (Pai-Adulto-Criança), o que mostra que ele está começando no nível F-3 (e não no F-1 ou F-2), e então examinou fenomenologicamente a forma como esse *self* assumiu papéis mais complexos e inter-subjetivos, numa série mais extensa de relações de objeto. Investigações semelhantes, porém mais sofisticadas, foram realizadas pela teoria cognitiva do papel (Selman & Byrne, 1974), pela teoria do aprendizado social (Bandura, 1971), pela terapia familiar (Haley, 1968) e pela psicologia da comunicação (Watzlawick, 1967). Essas técnicas intimamente relacionadas, independentemente da escola a que pertençam, são aqui designadas como "análises de *script* cognitivo".

Provavelmente, as patologias mais comuns ou predominantes são as patologias de *script* cognitivo. Essas patologias — e suas modalidades de tratamento — parecem dividir-se em duas categorias muito gerais, uma envolvendo os "papéis" que a pessoa está representando e outra envolvendo as "regras" que a pessoa está seguindo. Apesar de intimamente relacionadas, essas duas categorias podem ser analisadas separadamente:

1. *Patologia de papéis* — Isso foi tipicamente investigado pela Análise Transacional (Berne, 1972), pela terapia familiar (Nichols, 1984) e pela psicologia cognitiva do papel (Branden, 1971). O indivíduo envolvido com a patologia dos papéis está enviando mensagens de comunicação em vários níveis, em que um dos níveis nega, contradiz ou frustra o outro nível. O indivíduo, assim, possui toda sorte de programas ocultos, mensagens cruzadas, papéis confusos, transações duplas, e assim por diante. É tarefa do analista de *script* ajudar a separar, desembaraçar, esclarecer e integrar os vários fios de comunicação envolvidos na patologia do *self* de *script*. A divisão interior do *self* textual em mensagens de comunicação aberta *versus* mensagens encobertas (ou em subtextos desassociados), é assim confrontada, interpretada, e — se for bem-sucedida — integrada (um nível novo e superior de diferenciação-integração).

2. *Patologia de regras* — Um dos princípios centrais da terapia cognitiva é que "o afeto e o comportamento de um indivíduo são amplamente determinados pela forma em que ele estrutura o mundo" e, portanto, "alterações no conteúdo das estruturas cognitivas fundamentais da pessoa modificam seu estado afetivo e o padrão de conduta" (Beck, 1979). Em outras palavras, os esquemas, configurações ou regras cognitivas de um indivíduo são os elementos determinantes fundamentais de seus sentimentos e ações. Regras e crenças confusas, distorcidas ou autolimitantes podem se manifestar em sintomas clínicos; por outro lado, "através de terapia psicológica, um paciente pode conscientizar-se de suas distorções" e "a correção dessas construções disfuncionais defeituosas pode contribuir para a melhora de sua condição clínica" (Beck, 1979). Abordagens cognitivas semelhan-

MODALIDADES DE TRATAMENTO 99

tes também podem ser encontradas em teóricos como George Kelley (1955) e Albert Ellis (1973).

Isso não significa que a terapia de *script* cognitivo se aplique unicamente à patologia F-4 (ela parece ter aplicações nas séries F-4, F-5 e F-6). É que, simplesmente, o F-4 é o primeiro estágio mais importante no qual as preocupações de *script* cognitivo se desenvolvem completamente e começam a diferenciar-se de preocupações mais psicodinâmicas de fulcros anteriores. Como em qualquer seqüência de desenvolvimento, esses estágios iniciais são particularmente vulneráveis a distorções patológicas. Assim como as disfunções sexuais do adulto podem freqüentemente ser atribuídas a conflitos fálico/edipianos da infância, muitas das patologias de *script* cognitivo parecem ter sua gênese nos papéis e regras iniciais (possivelmente distorcidos ou limitados), que a pessoa aprendeu na *primeira* vez em que sua mente se tornou capaz de realizar operações mentais extensas (ou seja, durante o fulcro 4). Assim, além das técnicas de revelação, o *script* cognitivo patogênico deveria, idealmente, ser atacado em seu próprio nível e em seus próprios termos.

Fulcro 5 (Neurose de Identidade): Introspecção

O modelo hierárquico de patologia e tratamento apresentado até agora está em substancial consonância com a linha principal da psiquiatria convencional: para citar um exemplo, ainda em 1973, Gedo e Goldberg apresentaram um modelo hierárquico composto de, como eles dizem, "cinco subfases e cinco modalidades terapêuticas. Cada modalidade foi projetada para lidar com o problema principal, característico de cada subfase: introspecção [reflexão/formal], para as dificuldades previsíveis na vida adulta; interpretação, para os conflitos intrapsíquicos [psiconeurose]; 'desilusão ótima', para as idealizações arcaicas dos outros ou para o engrandecimento de si mesmo [espelho narcisista]; 'unificação', para qualquer dificuldade quanto a integrar um conjunto coerente de metas pessoais [divisão limítrofe]; e 'pacificação' [farmacologia/custódia] para o tratamento de estados traumáticos".

Com exceção da análise e da patologia de *script* cognitivo, o modelo de Gedo e Goldberg é, dentro de limites gerais, totalmente compatível com aquele que apresentei até agora (ou seja, de F-1 a F-5). A pacificação, seja a reclusão e custódia ou o tratamento farmacológico, refere-se à patologia F-1. A "desilusão ótima" é uma técnica de construção de estrutura para as desordens narcisistas, e envolve formas benignas que permitam ao *self* narcisista perceber que ele não é tão grandioso nem tão onipotente quanto pensava ou temia. A "unificação" é uma técnica de construção de estrutura para superar a divisão, considerada a característica principal da patologia F-2. A "interpretação" refere-se especificamente à interpretação das resistências (repressões) e transferências no tratamento de patologias F-3 (as psiconeuroses). E introspecção, nesse contexto, refere-se às técnicas usadas ao se lidar com as dificuldades ou problemas que nascem do desenvolvimento F-5: o *self* introspectivo-reflexivo-formal e suas inquietações.

De acordo com Gedo (1981), "O estilo que reflete as fases pós-edipianas de organização mental permite ao analisando apreender sua vida interior por meio da introspecção, ou seja, sem recorrer à interpretação de manobras defensivas. Nessas circunstâncias, o papel do analista está adequadamente limitado a estar presente durante todo o processo, como uma testemunha empática". Quer dizer, o problema central e, por definição, do F-5 não envolve nem repressão psiconeurótica, nem um mergulho em *scripts*, mas a *emergência* e *compromisso* da mente formal-reflexiva e de seu correlato, uma sensação de identidade introspectiva (com suas vulnerabilidades e angús-

MODALIDADES DE TRATAMENTO   101

tias específicas). Nenhum tipo de técnica de revelação ou análise de *script* será suficiente para cuidar desses problemas, precisamente porque esses problemas envolvem estruturas que transcendem os níveis inferiores de organização e, assim, apresentam características, funções e patologias próprias, completamente novas.

Isso não significa, é claro, que a patologia F-5 não tenha relação com o desenvolvimento (ou falta de desenvolvimento) dos fulcros anteriores. Como veremos na análise subseqüente sobre os sistemas COEX, qualquer deficiência de uma subfase anterior, mesmo que não seja suficiente para deter completamente o desenvolvimento de um nível inferior, pode invadir, e invadirá, o desenvolvimento superior de formas específicas e perturbadoras (cf. Blanck & Blanck, 1979; Mahler, 1975). Nesse caso, por exemplo, um indivíduo com resolução F-2 (ou separação-individuação) apenas parcial, pode relutar muito em comprometer a mente formal-reflexiva, com seu apelo exigente pelos princípios individuais de raciocínio e consciência moral. A tentativa de comprometer a mente formal-reflexiva pode dar origem a uma depressão de abandono ou à angústia de separação.

A introspecção pode ser considerada simplesmente como outro termo para "filosofar", e é filosofar, com esse nome ou outro qualquer, que parece ser a modalidade de tratamento para este nível. Entretanto, não concordo com Gedo quando ele afirma que o trabalho do terapeuta nesse nível é simplesmente o de ser uma testemunha silenciosa e empática do emergente "filosofar" do cliente. Ficar apenas em silêncio a esta altura é como estar ausente (ou seja, sem valor). A orientação psicanalítica de Gedo talvez tenha instilado nele um medo injustificado de "contaminar" o cliente com material de contratransferência. Mas, pela própria definição de Gedo, *se* isso ocorresse, só poderia envolver a modalidade interpretativa, e não a introspectiva. Se o cliente estiver claramente na modalidade introspectiva (não-interpretativa), não há nada a perder e muito a ganhar, se o terapeuta desempenhar um papel mais ativo, tornando-se, em certo sentido, um co-educador ou um co-filósofo.

É exatamente nesse nível, então, que o terapeuta pode envolver o cliente num *diálogo socrático*, que envolve simultaneamente a mente formal-reflexiva do cliente (se, nesse diálogo, resíduos de níveis inferiores vierem à luz, o terapeuta pode voltar à interpretação, à construção de estrutura, à análise de *script,* etc.). Como em qualquer diálogo socrático, o conteúdo específico não é tão importante quanto o fato de que ele envolve, ativa, traz para fora e exercita a mente reflexivo-introspectiva do cliente e sua correspondente sensação de identidade (ex.: o estágio consciencioso individualista de Loevinger). O terapeuta, então, não precisa se preocupar tanto em "contaminar" o cliente com sua própria filosofia já que, uma vez envolvida, a mente formal, por definição, irá rumo a seus próprios pontos de vista, cujo processo de nascimento o terapeuta deve, socraticamente, auxiliar.

Fulcro 6 (Patologia Existencial): Terapia Existencial

Quando a introspecção e o "filosofar" estão em atividade e amadurecidos, as preocupações básicas, fundamentais ou existenciais quanto a estar no mundo vêm cada vez mais à luz (cf. Maslow, 1968; May, 1958). A patologia existencial surge quando essas preocupações começam a aturdir o *self* centáurico recém-formado e a impedir o seu funcionamento (Wilber, 1980a). Essas patologias incluem, como vimos, depressão existencial, angústia, falta de autenticidade, fuga diante da finitude e da morte, etc.

A forma como essas patologias existenciais são tratadas varia consideravelmente de sistema para sistema; para alguns, é uma simples continuação e um aprofundamento qualitativo da modalidade introspectiva. Mas uma verdade terapêutica fundamental parece ser

MODALIDADES DE TRATAMENTO 103

a seguinte: quanto *mais claro* ou mais transparente o *self* se torna (por meio da reflexão consciente), ou quanto mais ele possa livrar-se de modos egocêntricos, não autênticos ou baseados no poder, tanto mais ele chega a uma postura *autônoma* ou *autêntica*, ou à sua base (Zimmerman, 1981). E é essa *base* na autenticidade e na autonomia que, *por ela mesma*, produz um significado existencial na vida, que combate o medo e a angústia, e que lhe proporciona a coragem para enfrentar "a doença até a morte" (Tillich, 1952, May, 1977). Em outras palavras, o ser autêntico traz um significado intrínseco (e não extrínseco); é justamente a busca do significado extrínseco ou meramente exterior que constitui a inautenticidade (e, daí, o desespero existencial). A análise e o confronto dos vários modos inautênticos de uma pessoa — particularmente os orientados extrinsecamente, não-autônomos ou os que negam a morte — parece ser a técnica terapêutica chave nesse nível (Koestenbaum, 1976; Yalom, 1980; May, 1958; Boss, 1963).

Esses conceitos de significado intrínseco (ou um nível novo e superior de interiorização) e o compromisso de autonomia (ou um nível novo e superior de responsabilidade consigo mesmo) parecem ser as duas características principais enfatizadas por todas as escolas genuínas de terapia humanístico-existencial. Além disso, sua reivindicação de que isso constitui um nível superior de desenvolvimento tem apoio substancial, tanto clínico como de pesquisa empírica — esse é, por exemplo, o estágio integrado-autônomo de Loevinger (1976) (em oposição ao consciente-individualista próprio do estágio anterior).

Devo esclarecer que, quando os terapeutas falam do *self* como tornando-se uma passagem ou abertura para o "Ser" dos fenômenos, eles não querem dizer que o *self* tem acesso a ou se abre para qualquer modo de ser genuinamente transcendental, sem tempo nem espaço. O *self* é uma abertura para o "Ser", mas essa abertura é estritamente finita, individual e mortal. Nesse sentido, eu concordo com os existencialistas; não existe nada de eterno ou atemporal com relação ao *self* centáurico, e aceitar esse fato faz parte da própria definição de autenticidade. Mas dizer que esse é o quadro completo é dizer que o *self* centáurico é o *self* superior, enquanto que, de acordo com a *philosophia perennis*, acima do *self* centáurico está o domínio do superconsciente. Se isso é certo, então, a essa altura, a negação da possibilidade de transcendência espiritual constituiria um mecanismo de defesa importante. Acredito que o que os existencialistas chamam de autonomia é simplesmente uma interiorização mais elevada da consciência (ver a análise a seguir); se essa interiorização continua, ela facilmente revela desenvolvimentos psíquicos e sutis da existência. O *self* já não é mais uma abertura para o Ser, e começa a se identificar com — e como — o próprio Ser.

Fulcro 7 (Patologia Psíquica): O Caminho dos Yogues

Da Free John (1977) dividiu as maiores tradições esotéricas do mundo em três níveis maiores: O Caminho dos Yogues, dirigido predominantemente para o nível psíquico; O Caminho dos Santos, que está voltado, na maioria das vezes, para o nível sutil; e O Caminho dos Sábios, dirigido predominantemente para o nível causal. Essa terminologia será usada nas seções seguintes, já que concordo substancialmente com seus escritos sobre esses tópicos.

Entretanto, desde que esses termos tendem a ter conotações diferentes, muitas delas não pretendidas por Free John nem por mim, também podemos nos referir a esses níveis em termos mais neutros, tais como inicial, intermediário e avançado; ou base, caminho e realização. Tentei representar as várias tradições contemplativas com eqüidade; mas, se ao leitor parecer que minhas preferências pessoais e meus preconceitos estão influenciando qualquer uma das análises a seguir, convido-o a reinterpretá-las de acordo com os termos, com as práticas e com a filosofia de seu próprio caminho espiritual. O meu principal objetivo, independentemente de como ele é expresso, é dizer que o desenvolvimento contemplativo em geral possui três níveis ou estágios amplos (principiante, iniciado e avançado); que diferentes tarefas e capacidades surgem a cada nível; que distorções, patologias ou distúrbios diferentes podem, portanto, ocorrer a cada nível; e que essas distorções ou patologias podem ser mais bem tratadas por diferentes tipos de terapia *espiritual* (algumas das quais também podem se beneficiar com terapias convencionais complementares). A análise seguinte sobre patologia psíquica (F-7) iguala-se à da Parte II, que descrevia três tipos gerais — espontâneo, pseudopsicótico e principiante.

1. *Espontâneo* — Para a patologia resultante de um despertar espontâneo e inesperado das energias ou da intuição própria do nível psíquico parece haver somente duas modalidades gerais de tratamento: ou o indivíduo "suporta" essas energias, algumas vezes com a orientação de um psiquiatra convencional, que pode interpretar isso como um ataque psicótico ou limítrofe e prescrever medicação, o que freqüentemente inibe o processo em andamento e impede qualquer desenvolvimento posterior de reparação (Grof, 1975); ou o indivíduo pode *conscientemente* iniciar esse processo, seguindo uma disciplina contemplativa.

Se o despertar espontâneo for da própria kundalini, o Caminho dos Yogues é o mais apropriado (Raja Yoga, Kriya Yoga, Charya Yoga, Kundalini Yoga, Siddha Yoga, Hatha Ashtanga Yoga, etc.). Isso se dá por uma razão específica: O Caminhos dos Santos e o Caminho dos Sábios, que têm por objetivo os reinos superiores, sutis e causais, têm muito pouco ensinamento explícito sobre os estágios do despertar psíquico da kundalini (por ex., será inútil procurar nos textos de Zen, Eckhart, São João da Cruz, etc., qualquer menção à kundalini ou à compreensão dela). Se for possível, deve-se pôr o indivíduo em contato com um adepto qualificado da Yoga que possa trabalhar, se assim se desejar, junto com um terapeuta mais convencional (ver, por exemplo, Avalon, 1974; Krishna, 1972; Mookerjee, 1982; Taimni, 1975; Da Free John, 1977; White, 1979).

2. *Do Tipo Psicótico* — Para episódios psicóticos ou pseudopsicóticos, com componentes espirituais periódicos, mas distorcidos, podemos sugerir a terapia junguiana (cf. Grof, 1975; White, 1979). Uma disciplina contemplativa, seja própria do Caminho dos Yogues, do Caminho dos Santos ou do Caminho dos Sábios, parece contra-indicada; essas disciplinas exigem um ego forte ou um *self* de nível centáurico, que o psicótico ou limítrofe não tem (Engler, 1984). Depois de um período suficiente de construção de estrutura (de que a maioria dos terapeutas junguianos estão conscientes), o indivíduo pode querer fazer parte de caminhos contemplativos menos vigorosos (ex. o mantrayana); veja-se a seção sobre "Meditação e Psicoterapia".

3. *Iniciante*

a) *Inflação psíquica* — Essa confusão dos reinos superiores ou transpessoais com o ego individual ou centáurico pode freqüentemente ser tratada com uma versão mais sutil da "desilusão ótima", uma espécie de separação contínua do fato psíquico e das fantasias narcisistas (cf. Jung, 1971). Se esse tratamento falhar repetidas vezes, isso se deve ao fato de, na maioria das vezes, alguma introvisão psíquica ter reativado um resíduo narcisista-limítrofe ou mesmo psicótico. Nesse caso, a meditação deveria ser interrompida imediatamente e, se necessário, empreender um tratamento de construção de estrutura (seja psicanalítica ou junguiana). Se o indivíduo responder a isso positivamente, e mais tarde puder compreender o como e o porquê dessa inflação psíquica, então a meditação pode ser retomada.

b) *Desequilíbrio estrutural* (devido a uma prática errônea da técnica espiritual) — O indivíduo deveria verificar isso com o professor de meditação; esses desequilíbrios, que não são nada incomuns, mostram como é extremamente importante praticar disciplinas contemplativas apenas com a orientação de um mestre qualificado (cf. Aurobindo, s.d.; Khetsun, 1982).

c) *A Noite Escura da Alma* — Ler relatos sobre como outras pessoas superaram essa fase pode ser muito útil (ver, especialmente, São João da Cruz, Underhill, Kapleau). Em períodos de desespero profundo, a alma pode passar para a prece de solicitação, em oposição à prece contemplativa (a Jesus, a Maria, a Kwannon, a Alá, etc.); isso não precisa ser desencorajado — pois é uma prece ao próprio Arquétipo Superior (cf. Hixon, 1978; Kapleau, 1965). Pode-se notar que não importa quão profunda é a depressão ou a agonia da Noite Escura: a literatura virtualmente não menciona nenhum caso de que isso leve ao suicídio (em contraste marcante com depressões existenciais ou limítrofes, por exemplo). É como se a depressão da Noite Escura tivesse um propósito "superior", "de purgação" ou "inteligente" — e isso, é claro, é exatamente o que reivindicam os contemplativos (ver, por exemplo, São João da Cruz, 1959).

d) *Objetivos de vida dividida* — É importante (especialmente na nossa sociedade, e particularmente nesse ponto da evolução) que a prática espiritual de uma pessoa esteja integrada à vida e ao trabalho diário (como a tarefa de um *bodhisattva*). Se o caminho da pessoa é de exclusão e retiro, talvez ela deva considerar um outro caminho. Na minha opinião, o caminho da renúncia ascética freqüentemente gera uma profunda divisão entre as dimensões superior e inferior da existência, e, em geral, confunde *supressão* da vida terrena com transcendência da vida terrena.

e) *Pseudoduhkha* — Apesar de os detalhes do modo de tratamento para esse distúrbio poderem ser discutidos com o professor de meditação, algumas vezes esse professor é a pior pessoa a se consultar nesses casos específicos. Os mestres espirituais geralmente não têm conhecimento de dinâmicas para distúrbios limítrofes ou psiconeuróticos, e o seu conselho pode ser o seguinte: "*Intensifique os esforços*", e foi justamente isso que causou o problema. Na maior parte dos casos, a pessoa que faz meditação deveria interrompê-la por alguns meses. Se a depressão/ansiedade, de moderada a grave, persiste, algum COEX limítrofe ou psiconeurótico deve ter sido reativado (ver discussão subseqüente), e a construção de estrutura ou terapias de revelação apropriadas devem ser utilizadas. Parece desaconselhável para essa pessoa continuar a meditação intensiva até que as deficiências específicas dessa subfase tenham recebido atenção apropriada.

f) *Distúrbios prânicos* — Esses distúrbios são notórios por induzir sintomas de conversão do tipo histérico que, se não forem tratados, podem ocasionar doenças psicossomáticas verdadeiras (cf. Da Free John, 1978; Chang, 1974; Evans-Wentz, 1971). É melhor tratá-las junto com o professor de meditação yogue (e um médico, se necessário). Sugere-se especificamente: a Kriya Yoga, a Charya Yoga, a Raja Yoga e (mais avançada) a Anu Yoga (Khetsun, 1982; Rieker, 1971; Chang, 1974). Também a acupuntura, realizada por uma pessoa *qualificada*, pode ser muito eficaz.

g) *Doença yogue* — A melhor "cura" é também a melhor prevenção: fortalecer e purificar o corpo físico-emocional, exercícios, dieta lacto-vegetariana, ingestão restrita de cafeína, açúcar, nicotina e drogas sociais (Aurobindo, s. d.; Da Free John, 1978).

Fulcro 8 (Patologia Sutil):
O Caminho dos Santos

1. *Fracasso na Integração-Identificação* — O autor não sabe de nenhum tipo de tratamento para essa patologia, exceto iniciar (ou intensificar) o caminho da contemplação no nível sutil (o Caminho dos Santos), que nesse ponto geralmente *começa* a envolver alguma forma de *investigação*, aberta ou dissimulada, sobre a *contração* que determina a sensação de identidade separada (Da Free John, 1978; Ramana Maharshi, 1972; Suzuki, 1970). Diz-se que, na realidade, o *ver* a contração que está bloqueando sutilmente a consciência arquetípica — e *não* uma tentativa direta de se identificar com a própria consciência arquetípica é que constitui o tratamento terapêutico para essa desordem em particular (assim como, em psicanálise, a pessoa tem de lidar primeiro com a resistência e depois com o conteúdo).

De acordo com algumas tradições (ex: Aurobindo, misticismo cristão, Hinduísmo), se essa contração ou resistência de nível sutil não é relaxada num grau suficiente (ela não é totalmente desmontada antes que o nível causal seja alcançado), a consolidação e estabilização do *self* arquetípico não são atingidas, e o indivíduo pode, então, ser tomado e oprimido por energias e dinâmicas muito poderosas liberadas no reino sutil — alguns textos tântricos falam de ser "destruído pela Luz" (ex.: Evans-Wentz, 1971); em termos místicos cristãos, a alma fere a si mesma ao negar [resistir] o amor de Deus [ou presença arquetípica].

O tipo comum de tratamento para esses distúrbios parece incluir um *ver* e então *compreender* a contração sutil ou resistência a uma consciência arquetípica mais ampla, uma contração que, no fundo, envolve uma incapacidade de aceitar a morte da sensação de identidade anterior (ou mental-psíquica) e de seus apegos e desejos — um caso de detenção-fixação no nível psíquico (o que impede a transformação ao sutil; ver, por exemplo, Aurobindo, s. d.; Da Free John, 1978; Trungpa, 1976; Khetsun, 1982).

De acordo com o Hinduísmo e o Budismo, é também nesse ponto que se começa a encontrar e compreender "impurezas profundamente estabelecidas" (*klesas* e *vasanas* de raiz) que não só obscurecem o próximo e superior estágio de consciência sem forma superior ou da manifestação, mas, em última análise, dão margem a todas as formas de sofrimento e patologia humanos, superiores ou inferiores (Deutsche, 1969; Feuerstein, 1975; Gard, 1962; Longchenpa, 1977).

2. *Pseudonirvana* — Essa confusão entre iluminação sutil e formas arquetípicas com a verdadeira iluminação só pode ser tratada passando-se além dessas formas luminosas e alcançando-se a cessação não manifestada e sem forma, isto é, passando-se do nível de desenvolvimento sutil para o causal. Muitas das tradições contemplativas mais sofisticadas têm numerosas "rotinas de checagem", que ajudam o praticante a rever as experiências sutis extáticas, luminosas, beatíficas e "tentadoras" do nível sutil, favorecendo assim o distanciamento e a desidentificação do nível arquetípico (isto é, *depois* de ele estar claramente consolidado, em primeiro lugar) (Goleman, 1977; Da Free John, 1978; Khetsun, 1982; Trungpa, 1976).

3. *Pseudo-realização* — Ao contrário do pseudoduhkha, que costuma exigir uma interrupção da meditação, em geral não existe outra cura para a pseudo-realização, senão mais meditação. A única coisa mais dolorosa do que continuar a meditar é não conseguir continuar meditando. O Zen se refere a esse tipo específico de "doença zen" como "engolir uma bola de ferro em brasa" (Suzuki, 1970); é aparentemente um dos poucos distúrbios para os quais se pode, *terapeuticamente*, dizer: "Intensifique seus esforços!"

Com patologias de níveis mais sutis, aparentemente não é muito tarde para uma psicoterapia auxiliar, se e somente se o terapeuta tiver simpatia e um razoável conhecimento das preocupações transcendentais ou espirituais. A liberação terapêutica de energias emocionais reprimidas, por exemplo, pode ser o impulso crucial para negociar a integração do nível sutil. As técnicas de construção de estrutura, embora não inúteis, passam a ser cada vez menos aplicáveis a esse estágio, porque a maioria dos indivíduos com deficiências limítrofes significativas raramente se desenvolvem até este estágio.

Fulcro 9 (Patologia Causal): O Caminho dos Sábios

1. *Fracasso na Diferenciação* — De acordo com ensinamentos tão diversos como Zen, Free John e Vajrayana, essa diferenciação ou desapego final (ou seja, de toda a forma manifesta) envolve uma colaboração sutil, mais importante, por parte do aluno e do professor, que pode ser rapidamente (e inadequadamente) descrita assim: O mestre, nesse ponto, reside dentro do "Coração" (ou domínio causal/não-manifesto) do discípulo e exerce uma "atração" especial; o discípulo, na forma final e radical da sensação de identidade (o *self* arquetípico), ainda se mantém numa forma sutilmente contraída "fora" do Coração (ou seja, resistindo à dissolução final e total da sensação de identidade separada). O discípulo e o mestre "juntos", por meio de um "esforço sem esforço", liberam essa atitude e o *self* separado "cai" no Coração. Essa "queda" no vazio ou cessação sem forma e sem manifestação rompe com toda identificação exclusiva com qualquer forma manifesta, e a Consciência como Tal (ou Subjetividade Absoluta) se diferencia de todos os outros objetos, superiores ou inferiores, e de todas as tendências arquetípicas ou contrações de raiz (*klesas, vasanas*, etc.). A repetição dessa "queda" — ou a repetição do "movimento" entre o manifesto e o não-manifesto — "queima" as inclinações e desejos fundamentais das modalidades separa-

das e contraídas da existência. Essa queda é a "entrada" para os estágios de iluminação (concebidos pelo Budismo como base, caminho e fruição da iluminação, que podem ser considerados como as três subfases do estado iluminado ou "perfeitamente comum").

2. *Fracasso na Integração* — Essa "patologia suprema" (um fracasso na integração dos reinos manifesto e não-manifesto) acontece quando os *klesas* e *vasanas* (ou formas e inclinações arquetípicas) são vistas *exclusivamente* como impurezas e não como formas de *expressão* ou manifestação da Sabedoria sem obstruções (Ser ou Espírito absoluto). A vitória sobre essa disjunção e a re-união ou re-integração da forma do vazio e da sabedoria *são* o "caminho supremo", o caminho da "mente comum" (Maha Ati), os "olhos abertos" (Free John) e a "mente cotidiana" (Ch'an) — em que todos os fenômenos, superiores ou inferiores, são considerados exatamente como são, perfeitas expressões da mente naturalmente iluminada.

A figura 11 é um resumo esquematizado das estruturas básicas da consciência, dos fulcros correspondentes do desenvolvimento do *self*, de suas características patológicas e das modalidades de tratamento correspondentes.

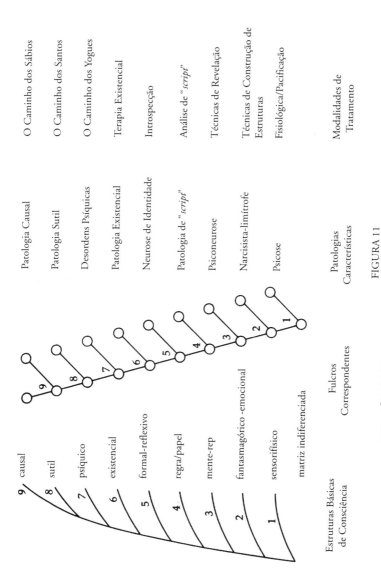

FIGURA 11
RELAÇÃO DE ESTRUTURAS, FULCROS, PSICOPATOLOGIAS E TRATAMENTOS

CAPÍTULO 7

Tópicos Relacionados

Nesta seção, eu gostaria de fazer comentários sobre o diagnóstico diferencial, sobre as relações existentes com a teoria dos sistemas COEX de Grof, com o narcisismo, os sonhos e a meditação/psicoterapia, à luz do espectro global do desenvolvimento e da patologia.

Diagnóstico Diferencial

É importante enfatizar outra vez o grande cuidado que se deve ter com o diagnóstico diferencial, *particularmente* à luz do espectro global do crescimento e desenvolvimento humanos. Por exemplo, ansiedade psíquica, ansiedade existencial, ansiedade psiconeurótica e ansiedade limítrofe são aparentemente fenômenos muito diferentes com modalidades de tratamento bastante diversos, e assim, qualquer intervenção terapêutica eficaz e apropriada depende significativamente de um diagnóstico inicial preciso. Isso, por sua vez, exige uma compreensão cabal de todo o espectro dos níveis de consciência — uma compreensão da totalidade dos níveis de estrutura do *self* e dos tipos específicos de necessidade, motivação, cognição, relações de objeto, mecanismo de defesa e patologias próprias característicos de cada estágio de desenvolvimento e organização estrutural.

Atualmente, modelos menos compreensivos do que aquele proposto aqui estão sendo usados para diagnosticar e tratar clientes, com um aparente colapso do que parece ser um diagnóstico e categorias de tratamento muito diferentes. Por exemplo, as duas maiores categorias de diagnóstico de Kohut são: O Homem Trágico (limítrofe) e O Homem Culpado (neurótico). Sua teoria não se dirige às patologias espirituais, e portanto precisa reduzir todas elas a preocupações de nível inferior. Da mesma forma, sua conceituação requer aparentemente a redução de patologias existenciais ao "Homem Trágico" limítrofe, como se toda a tragédia da existência do cosmos fosse a separação entre a criança e sua mãe.

Uma confusão terapêutica importante, entre vários teóricos, origina-se daquilo que chamei de "engano pré/trans" (Wilber, 1980b), que é uma confusão entre estruturas *pré*-racionais e estruturas *trans*-racionais, simplesmente porque ambas são *não*-racionais. Essa confusão caminha em ambas as direções: estruturas pré-racionais (fantasmagórica, mágica, mítica) são *elevadas* à condição de trans-racionais (ex.: Jung), ou estruturas trans-racionais são *reduzidas* ao infantilismo pré-racional (ex.: Freud). É particularmente comum reduzir o *samadhi* (identidade sujeito-objeto sutil ou causal) a estados autistas, simbióticos ou oceano-narcisistas. Da mesma forma, Atman, o *Self* universal único, é confundido com o *self* monádico-autista F-1. Alexander (1931) até mesmo chamou o Zen de treinamento em esquizofrenia catatônica. Na minha opinião, essas confusões teóricas (e terapêuticas) continuarão a existir em abundância, até que a validade fenomenológica de todo o espectro de crescimento e desenvolvimento humanos receba mais reconhecimento e estudo.

Sistemas COEX

Stanislav Grof (1975) cunhou o termo "sistemas COEX" para referir-se a "sistemas de experiência condensada", que são complexos de desenvolvimento em camadas — como as de uma cebola — na psique. Esse é um conceito importante e, apesar de haver um grande número de idéias semelhantes na literatura, Grof deu a essa noção uma de suas explicações mais claras.

Os sistemas patológicos COEX, do modo como os vejo, são simplesmente a soma dos aspectos associados e condensados não metabolizados ou deficiências de subfase que acontecem em qualquer fulcro de estruturação do *self* (cf. Guntrip, 1971; Kernberg, 1975). Começando pelo Fulcro 1, qualquer deficiência específica de subfase (desde que não seja grave o suficiente para descarrilhar o desenvolvimento inteiramente nesse ponto) é desenvolvida — como um *bolsão dissociado na estrutura do self* durante o desenvolvimento subseqüente. No fulcro seguinte, quaisquer deficiências ou malformações de subfase tornam-se divididas ou ficam alojadas na estrutura do *self* onde — e isso foi apontado tanto por Grof como por Jung — elas se condensam ou se associam com deformações semelhantes de subfases anteriores. Não apenas as deformações do nível atual se condensam com as de níveis anteriores, mas também tendem a invadir e contaminar os fulcros *subseqüentes* ou de nível superior, desviando seu desenvolvimento em direção a deformações patológicas semelhantes (bem diferente de deformações que possam se desenvolver inteiramente devido a deficiências de suas *próprias* subfases). Como um grão de areia alojado numa pérola durante sua formação inicial, cada camada subseqüente tende a reproduzir o defeito em seu próprio nível. O resultado é um sistema COEX patológico, uma unidade com diversas camadas de deformações de subfase, associadas e condensadas, construídas, fulcro por fulcro, e alojadas — como subunidades dividas ou dissociadas (ou bolsões de "experiência inconsciente, não-digerida") na própria estrutura completa do *self*.

Um determinado sintoma, portanto, pode ser simplesmente a ponta de um sistema COEX patológico, mais ou menos extenso. Esse COEX específico pode ser composto de resíduos de deficiências, digamos, das subfases F-5, F-3 e F-2. Uma das metas da psicoterapia em geral é re-contactar e re-experimentar os resíduos não-digeridos de subfase, camada por camada se for necessário e, assim, ajudar a corrigir deformações estruturais — isto é, permitir que aqueles aspectos do sistema do *self* previamente alojados e grudados em vários bolsões de subfase inferiores, sejam liberados ou "libertados" para *juntar-se* ao fluxo contínuo de organização e desenvolvimento estrutural.

Narcisismo

"O narcisismo" é, provavelmente, o tópico mais confuso e desconcertante da literatura técnica terapêutica. Recebeu literalmente dezenas de definições diferentes e algumas vezes contraditórias; existem referências vagas a *níveis* de narcisismo (primário, secundário, terciário, etc.); e, finalmente, dizem que existe um narcisismo normal e um narcisismo patológico. O que pensar de tudo isso?

A maior parte dessa confusão pode ser esclarecida se nós: 1) explicitamente, definirmos os níveis ou estágios do narcisismo, e 2) reconhecermos que cada estágio do narcisismo tem dimensões tanto patológicas quanto normais.

Para começar, o termo "narcisismo", como é usado na literatura, tem diversos significados e muito diferentes. Num sentido neutro ou não-pejorativo, "narcisismo" é usado como sinônimo de *self*. "O desenvolvimento narcisista", por exemplo, significa simplesmente "desenvolvimento do *self*". Nenhuma conotação negativa de egocentrismo, grandiosidade ou arrogância está implícita. Dizer que existem níveis de narcisismo ou níveis de desenvolvimento narcisista significa apenas afirmar que existem diferentes níveis de *self* ou diferentes níveis de desenvolvimento do *self*. Neste trabalho, por exemplo, delineamos nove estágios mais importantes (cada um com três subfases) do "narcisismo".

"Narcisismo" também é usado para significar "egocentrismo", ou incapacidade para tomar consciência dos outros. Isso, entretanto, não é necessariamente uma condição mórbida ou patológica; de fato, é comum fazer-se a distinção entre "narcisismo normal" e "narcisismo patológico". O narcisismo normal se refere à *quantidade de egocentrismo* que é *estruturalmente inevitável*, ou normal, em cada estágio do desenvolvimento. Assim, por exemplo, o narcisismo primário (ou a incapacidade até mesmo de reconhecer o mundo de objetos) é inevitável ou normal no estágio autista. A fusão grandiosa e exibicionista entre o *self* e os objetos é normal na subfase de exercício. Apesar de isso ser freqüentemente chamado convencionalmente de "estágio narcisista", reconhece-se universalmente que a quantidade de narcisismo (egocêntrico) nesse estágio é, na verdade, menor do que no estágio anterior, porque aqui existe pelo menos uma consciência dos objetos, que o narcisismo primário anterior não tinha de forma alguma.

O estágio mente-rep é ainda menos narcisista ou egocêntrico do que o estágio grandioso, mas ainda tem um grau substancial de egocentrismo (ou narcisismo), como Piaget demonstrou, simplesmente porque ainda não pode assumir o papel de outros. O narcisismo diminui com a mente regra/papel, já que o papel dos outros agora é reconhecido, e diminui ainda mais com o aparecimento da mente formal, que é cada vez mais capaz de escapar de seu próprio subjetivismo pela *reflexão* sobre pontos de vista alternativos.

Não obstante, segundo afirmam as tradições contemplativas, certa quantidade de egocentrismo ainda permanece, enquanto existir uma sensação de identidade separada. Até mesmo no reino sutil, de acordo com Da Free John, Narciso ainda está presente (apesar de altamente reduzido) porque ainda existe uma sutil contração para dentro, sobre o *self*, e uma conseqüente "fuga dos relacionamentos" (Da Free John, 1977).

Então, aqui está o primeiro ponto: existem nove ou mais níveis mais importantes de narcisismo, e *cada um deles é menos narcisista (menos egocêntrico) do que o(s) precedente(s)*. O narcisismo (egoísmo) começa, no auge, no estágio autista (narcisismo primário); cada fulcro de desenvolvimento subseqüente resulta numa redução do narcisismo, simplesmente porque a cada estágio superior o *self* transcende seus pontos de vista anteriores e mais limitados, e expande seus horizontes cada vez mais, além de sua própria subjetividade, num processo que continua até que o narcisismo (egocentrismo) finalmente desaparece no reino causal (simplesmente porque a sensação de identidade separada afinal desaparece).

Agora, a cada estágio desse desenvolvimento de diminuição do narcisismo existe não apenas a quantidade normal ou saudável de narcisismo estruturalmente inevitável, mas também a *possibilidade* de um narcisismo anormal, patológico ou mórbido nesse nível. Esse narcisismo patológico é sempre uma medida de *defesa*; a estrutura do *self* nesse nível é supervalorizada e os objetos do *self* desse nível são correlativamente desvalorizados, a fim de evitar o confronto doloroso com os objetos do *self* (por exemplo, no nível mental: "Ah se eles discordarem de mim! Quem são eles, afinal? Eu sei o que está acontecendo aqui; eles são, na realidade, um bando de palhaços", etc.). O resultado é uma quantidade de narcisismo (de egocentrismo) muito além do que seria estruturalmente inevitável e esperado *nesse estágio*. Teóricos, como Mahler, afirmam que esse narcisismo patológico pode ocorrer mesmo em estágios anteriores do desenvolvimento do *self* (*i.e.*, F-1 e F-2).

Em resumo, a "defesa narcisista" pode, teoricamente, ocorrer em qualquer estágio do desenvolvimento do *self* (exceto nos pontos mais extremos), e envolve uma supervalorização da estrutura do *self* desse estágio e uma correspondente desvalorização dos objetos do *self* desse estágio, como uma defesa contra ser abandonado, humilhado, ferido ou desaprovado por esses objetos. A defesa narcisista não é caracterizada meramente por uma auto-estima muito alta; se existir uma consideração igualmente alta pelos objetos do *self*, isso não será uma defesa narcisista ou patologia. É o desequilíbrio, a supervalorização do *self*, em *contraste* com a desvalorização dos outros, que distingue a defesa narcisista.

Seria tecnicamente correto, então, e muito menos confuso, definir "distúrbios narcisistas" como o resultado de defesa narcisista em *qualquer nível* do desenvolvimento do *self*. Assim, existe o narcisismo normal de F-1 e o narcisismo patológico (defensivo) de F-1; existe um potencial semelhante para o narcisismo normal e o patológico em F-2, F-3, e assim por diante, incluindo todos os níveis até o fulcro sutil.

Poderíamos *também* falar de um "distúrbio narcisista" se o narcisismo *normal* de um estágio *não* for superado no estágio *seguinte*. Nesse caso, distúrbio narcisista significaria uma fixação/separação do desenvolvimento no narcisismo normal de um nível inferior específico, e tudo o que teríamos de fazer seria especificar qual o nível inferior envolvido.

Infelizmente, entretanto, os "distúrbios narcisistas" — e isso faz parte da extraordinária confusão em torno deste tópico — foram definidos unicamente como interrupção do desenvolvimento no narcisismo normal do F-2. Não há jeito de se reverter esse uso generalizado, e por isso eu o obedeci na primeira parte desta apresentação; continuarei a usar a expressão "distúrbio narcisista" no sentido estrito, que significa uma suspensão/fixação do desenvolvimento no narcisismo normal do F-2.

Para resumir: Existem mais ou menos nove níveis de narcisismo, cada um deles menos narcisista (menos egocêntrico) do que o(s) anterior(es); cada um deles tem uma quantidade normal ou estruturalmente inevitável de narcisismo (narcisismo normal ou saudável), e cada um deles pode se transformar numa patologia defensiva, um narcisismo mórbido, exagerado ou patológico. Os "distúrbios narcisistas", no sentido mais amplo, referem-se a: 1) o narcisismo patológico, que pode se desenvolver em *qualquer* nível, e 2) a fixação/suspensão patológica no narcisismo normal próprio de qualquer nível *inferior*. No sentido mais estrito — o da maior parte da teoria atual — um "distúrbio narcisista" significa uma suspensão/fixação no narcisismo normal do F-2.

Sonhos e Psicoterapia

Os sonhos desde há muito têm sido considerados como "a estrada real para o inconsciente", *i.e.*, de grande ajuda tanto no diagnóstico quanto no tratamento das psicopatologias. Mas levando-se em conta os cerca de nove níveis de psicopatologia, como os sonhos devem ser usados?

A teoria prática de trabalho com sonhos que desenvolvi sugere o seguinte: o sonho manifesto pode ser o portador latente de patologia (ou simplesmente de mensagens benignas) de qualquer um ou de todos os níveis. Nesse sentido, talvez a melhor forma de se trabalhar com o sonho seja começar sua interpretação no nível inferior e ir subindo progressivamente. O *mesmo* símbolo de sonho numa única seqüência de sonhos pode trazer em si material igualmente importante (patológico ou saudável) de diversos níveis, e é necessário buscar interpretações de *todos os* níveis e verificar quais delas suscitam um reconhecimento reflexo no indivíduo. O terapeuta ou analista começa nos níveis inferiores — F-1 e F-2 — e interpreta símbolos significativos do sonho de acordo com os significados que eles poderiam ter nesses níveis. Ele/ela procura as interpretações em harmonia com o cliente (geralmente por estar sob influência das emoções), e então trabalha a carga que envolve cada símbolo. O sonho é, assim, liberado de sua carga emocional *nesse* nível (nós "entendemos a sua mensagem"), e a interpretação, então, passa ao nível seguinte, reinterpretando cada símbolo significativo de acordo com seus significados possíveis nesse nível (e assim por diante, subindo no espectro).

Obviamente, na prática, cada um dos símbolos de sonho não pode ser interpretado em cada um dos níveis. Levaríamos horas, ou dias, para fazer isso. Em vez disso, trabalhando a partir de um conhecimento geral da estrutura do *self* do indivíduo e do seu nível de desenvolvimento geral, o terapeuta seleciona uns poucos símbolos-chave para cada um dos, digamos, três ou quatro níveis mais suspeitos, e se fixa aí. Quanto mais desenvolvida a pessoa, mais alto o nível de interpretação capaz de provocar uma resposta, apesar de que até mesmo os indivíduos mais desenvolvidos não estão imunes, de forma nenhuma, de mensagens de níveis inferiores (por vezes, o que ocorre é exatamente o contrário — os níveis inferiores são, algumas vezes, os que eles tenderam a ignorar em sua, de outro ponto de vista, admirável subida, deficiência que os sonhos não os deixarão esquecer!).

A única forma de mostrar a aparente riqueza dessa abordagem seria apresentar diversos casos com interpretações paralelas em cada um dos diferentes níveis. Como isso ultrapassa o alcance deste pequeno capítulo, o simples exemplo que se segue deve ser suficiente para indicar o alcance geral desta abordagem de espectro. Uma senhora de meia-idade apresenta um sonho que contém um cenário muito carregado, composto das seguintes imagens centrais: ela está numa caverna (associação: "inferno", "morte"); há um mastro prateado luminoso que sai da caverna para o céu ("paraíso", "lar"); ela

MODALIDADES DE TRATAMENTO

123

encontra o filho na caverna, e, juntos, eles sobem pelo mastro ("liberação", "segurança", "eternidade").

O que, por exemplo, significa o mastro? De uma perspectiva do F-1 ou F-2, pode representar uma negação da mãe "totalmente má" e uma fusão ou "cordão umbilical" com a segurança da mãe simbólica "totalmente boa" (divisão). De um nível F-3, poderia representar desejos fálicos/incestuosos. De um nível F-4, poderia simbolizar um meio de se comunicar mais intimamente com o filho. Do F-6, uma fuga ou evitação da morte existencial. E do F-7, o cordão prateado de *sushumna*, por onde se afirma que sobe a *kundalini* pela coluna vertebral, desde o primeiro chakra (os domínios físico-infernais) ao sétimo chakra (da liberação no *self* transcendental).

Minha opinião é que o mastro poderia representar simultaneamente *todas* essas coisas. Os símbolos oníricos, sendo plásticos, são aparentemente invadidos e conformados por qualquer questão opressiva ou por qualquer nível de patologia insistente. Portanto, a forma de se lidar melhor com sonhos é começar da base, e subir, em ressonância com o sonho, a cada nível significativo. (Começamos pela base para nos assegurar de não tomar uma posição não realista ou "elevacionista", subestimando as mensagens desagradáveis procedentes dos níveis inferiores, que podem estar envolvidos. Entretanto, nós não *paramos* nos níveis inferiores, porque queremos evitar a posição "reducionista", que despreza as dimensões existenciais e espirituais da condição humana.)

Meditação e Psicoterapia

Na minha opinião, a meditação não é um meio de escavar as estruturas inferiores e reprimidas do inconsciente submerso; é uma forma de facilitar a emergência, o crescimento e o desenvolvimento de estruturas superiores da consciência. Confundir as duas coisas é alimentar a concepção reducionista, bastante predominante, de que meditação é (na melhor das hipóteses) uma regressão a serviço do ego quando, na realidade, seu objetivo e prática é uma progressão a serviço da transcendência do ego.

Entretanto, quando uma pessoa começa a meditar de uma forma intensiva, o material procedente do inconsciente submerso (por exemplo, a sombra) freqüentemente começa a reaparecer, ou às vezes até mesmo a irromper na consciência. É essa "desrepressão da sombra" que tem contribuído para a idéia de que a meditação é uma técnica de descobrimento e uma regressão a serviço do ego. Acredito que essa "desrepressão" de fato ocorre freqüentemente, mas por motivos muito diferentes (com uma dinâmica muito diferente): A meditação, por ter como objetivo desenvolver ou levar a consciência para níveis ou dimensões superiores de organização estrutural, precisa desfazer ou interromper a identificação exclusiva com o *atual* nível de desenvolvimento (geralmente, o mental-egóico). Como é essa *exclusividade* de identificação que *constitui* a barreira repressiva, seu rompimento, no todo ou em parte, pode liberar material antes reprimido — daí a desrepressão. Isso acontece muito freqüentemente nos estágios iniciais da meditação, mas parece definitivamente um subproduto secundário da prática, e não a sua meta, e certamente não a sua definição. (Para uma análise pormenorizada desse tópico, ver Wilber, 1983.)

A meditação pode ou deve ser usada junto com a psicanálise ou a psicoterapia? Eu acho que isso depende, em grande parte, do tipo de meditação e do nível de patologia que está sendo tratado por uma determinada terapia.

Falando em termos gerais, a meditação parece contra-indicada nas patologias F-1 e F-2 porque, nesses níveis, o *self* carece de uma estrutura suficientemente estável para suportar as experiências intensas que a prática da meditação ocasionalmente desperta. Não apenas a meditação parece não ajudar nesses casos, mas aparentemente ela pode ser prejudicial, porque tende a desmantelar a frágil estrutura do limítrofe ou do psicótico. A meditação, em outras palavras, tende a dissolver aquelas estruturas do *self* de nível intermediário que o limítrofe e o psicótico precisam criar e fortalecer em primeiro lugar. Ironicamente, de acordo com Jack Engler (1983a), muitos indivíduos com patologias F-2 são literalmente atraídos pela meditação, especialmente em sua forma budista, como uma *racionalização* para seus estados de "não-ego". Como Engler, acredito que a meditação seja geralmente contra-indicada nesses casos.

A maioria das formas e patologias F-3, por outro lado, pode aparentemente beneficiar-se com a prática da meditação (cf. Carrington, 1975). Acredito que a meditação vipassana, entretanto, deveria ser usada com cautela em casos de depressão de grau moderado a grave, devido à tendência de ligar depressão psiconeurótica com o pseudoduhkha. O Caminho dos Yogues pode causar mudanças acentuadas nas emoções e na sexualidade, fato que qualquer um que esteja passando por uma terapia F-3 deve considerar, antes de embarcar nesse tipo de meditação. E em casos de ansiedade psiconeurótica, a meditação koan do Zen — que freqüentemente aumenta a ansiedade até um ponto perigoso — é provavelmente contra-indicada. Mas, em geral, a maior parte das formas básicas de meditação (seguir a respiração, contar a respiração, mantrayana, shikan-taza, ashtanga, etc.) pode ser uma ajuda benéfica para a terapia F-3. Além do mais, a meditação em si provavelmente facilitará, como subproduto, a reemergência ou a desrepressão de vários materiais inconscientes, que podem ser trabalhados nas sessões de terapia.

A meditação também pode ser usada com a maioria das formas de patologias próprias de F-4 e F-5, mas existe aí uma complicação específica: uma pessoa apanhada na confusão de papéis ou na patologia do papel-conformista, ou alguém que esteja tendo dificuldade para estabelecer uma identidade própria do nível formal, será particulrmente vulnerável a usar a meditação e os grupos de meditação, como seita, em que a lealdade ao grupo constitui uma manifestação de neurose de identidade não resolvida. A resultante "mentalidade sectária" é extremamente difícil de tratar terapeuticamente, porque pretensas "verdades espirituais-universais" estão sendo usadas como uma racionalização, de outra forma irrefutável, para a pura representação.

Na minha experiência, a maioria das formas de patologias F-6 ou existenciais geralmente apresentam uma resposta positiva à meditação. A ansiedade existencial, diferentemente da ansiedade psiconeurótica, não parece ser incompatível com as práticas de meditação — mesmo as mais exaustivas, como o koan (cf. Kapleau, 1965); com a depressão existencial, entretanto, as meditações que intensificam o *duhkha*, como o *vipassana*, devem ser usadas com cautela. Mais ainda: indivíduos com patologias existenciais persistentes geralmente acham saudável toda a filosofia que está por trás dos esforços contemplativos, pois apontam para um significado genuíno e transcendental da vida. Observe-se que estou falando de patologia existencial; indivíduos que estejam no nível normal freqüentemente não se interessam pela meditação nem pela transcendência (até mesmo suspeitam delas); essas pessoas julgam que se trata de uma forma disfarçada de negação da morte.

Em resumo: meditação não é uma técnica de construção de estrutura; nem uma técnica de revelação; nem uma técnica de análise de *script*; nem uma técnica de diálogo socrático. Ela não pode substituir essas técnicas, nem deverá ser utilizada como uma forma de "desvio espiritual" (Welwood, 1984) para evitar qualquer trabalho importante necessário nesses níveis. Entretanto, em *conjunção* com a análise ou com a terapia, parece que ela pode ser muito útil na maioria das formas de patologia F-3, F-4, F-5 e F-6, tanto por causa de seus próprios méritos e benefícios intrínsecos como por causa de sua

MODALIDADES DE TRATAMENTO 127

tendência a "descontrair" a psique e a facilitar a desrepressão nos níveis inferiores, contribuindo, assim, de uma forma auxiliar, com os procedimentos terapêuticos nesses níveis.

Meditação e Interiorização

De uns tempos para cá, tanto na literatura psicanalítica quanto na popular, tem circulado a acusação de que a meditação é uma regressão narcisista (Alexander, 1921; Lasch, 1979; Marin, 1975). Eu gostaria, nesta seção, de refutar essa acusação, usando as definições e descobertas da própria psicanálise.

Neste trabalho, analisamos o *desenvolvimento* ou a *evolução* da consciência. Como, pois, a psicologia psicanalítica do ego define evolução? "Evolução, para [Heinz] Hartmann [fundador da psicologia psicanalítica do desenvolvimento], é um processo de 'internalização' progressiva, porque, no desenvolvimento das espécies, o organismo alcança progressiva independência do seu ambiente, de tal modo que '... as reações que originariamente ocorriam em relação ao mundo exterior são progressivamente deslocadas para o interior do organismo'. Assim, quanto mais independente o organismo se torna, maior é sua independência com relação aos estímulos do ambiente imediato" (Blanck & Blanck, 1974). Para esses psicanalistas, o desenvolvimento progressivo é *definido* como interiorização progressiva.

Sendo assim, não se pode entender que essa orientação teórica aplauda a interiorização progressiva do corpo até a mente-ego e se coloque radicalmente contra a interiorização progressiva da mente-ego para a alma-sutil e para o espírito-causal (ou a meditação em geral); mas é exatamente isso que acontece com um grande número de teóricos psicanaliticamente orientados (por exemplo, Alexander, 1931; Lasch, 1979) e com muitos escritores popularmente orientados, que reivindicam o apoio da moderna psiquiatria (por exemplo,

Marin, 1975). Isso ocorre, aparentemente, porque, a meio caminho da Grande Cadeia de interiorização crescente, esses teóricos começam a aplicar o termo "narcisismo". Mas nós vimos que cada nível superior do desenvolvimento é marcado por *menos* narcisismo. Em outras palavras, uma definição psicanalítica perfeitamente aceitável é: desenvolvimento progressivo = interiorização progressiva = narcisismo decrescente. Do que se segue que a meditação, como um desenvolvimento da interiorização, é provavelmente o instrumento mais eficaz que temos para reduzir o narcisismo.

Isso pode parecer paradoxal se não se distingue entre dois tipos muito diferentes de "interioridade" ou "intimidade". Vamos chamar esses dois tipos de "interioridade" pelos nomes "dentro" e "interior". O primeiro ponto é que cada nível superior de consciência é sentido como sendo mais "interior" que o seu nível inferior ou precedente, mas *não* como estando "dentro" dele. Para dar um exemplo: a mente é sentida como sendo interior ao corpo, mas não dentro do corpo. Se eu como um alimento, sinto a comida *dentro* do corpo; ou se tenho uma dor física, também sinto essa dor *dentro* do corpo; mas não existe sentimento, sensação, "pontada" ou contração dentro do corpo que eu possa indicar e dizer: essa é a minha mente. Minha mente, em outras palavras, não é sentida especificamente como estando dentro do meu corpo (da forma como estou usando o termo), mas é, de algum modo, sentida como vagamente "interna" ao corpo — e esse é o sentimento que eu chamo de "interior".

A diferença é simplesmente que cada nível de consciência tem os seus próprios limites, com um dentro e um fora; mas um nível superior é sentido como interior ao inferior, e não como literalmente dentro dele. Esses limites não devem ser igualados, porque eles existem em níveis inteiramente diferentes. Por exemplo, os limites da minha mente e os limites do meu corpo não são os mesmos. Pensamentos podem *entrar* e *sair* da minha mente sem nunca cruzar os limites físicos do meu corpo.

Note-se que, pelo fato de a minha mente ser interior ao meu corpo, ela pode ir além ou transcender os limites do meu corpo. Na minha mente, eu posso me identificar com um país, com um partido político, com uma escola de pensamento; numa reflexão inter-subjetiva, posso assumir o papel de outros, adotar seus pontos de vista, empatizar com eles, e assim por diante. E eu nunca poderia fazer isso se minha mente estivesse *somente* e verdadeiramente *dentro* do meu corpo. Sendo interior a ele, entretanto, ela pode escapar, ir além dele, transcendê-lo. É por isto que *interiorização* significa *menos narcisismo* — um nível, sendo interior ao outro, pode ir além dele, o que não poderia ocorrer nunca se ele estivesse realmente e somente *dentro* dele.

Da mesma forma, a alma é interior à mente; ela *não* está *dentro* da mente. Dentro da mente, não encontramos mais que pensamen-tos. É por isso que a introspecção mental nunca revela a alma. Entre-tanto, quando os pensamentos se aquietam, a alma emerge interior-mente *vis-à-vis* à mente e, portanto, pode transcendê-la, ver além dela, fugir dela. E da mesma forma, o espírito não está dentro da alma, mas é interior a ela, transcendendo-lhe as limitações e as formas.

Aparentemente os teóricos que reivindicam que a meditação é narcisista imaginam que os meditadores estão indo para *dentro* da mente; mas eles estão, na verdade indo até o seu *interior* e, portanto, transcendendo-a: menos narcisistas, menos subjetivos, menos egocên-tricos, mais universais, mais abrangentes e, assim, em última análise, mais compassivos.

Conclusão

Eu gostaria de ser muito claro sobre o que eu pretendi com a publicação deste trabalho. Ele não ofereceu um modelo fixo, conclusivo, inalterável. Apesar de eu ter tentado, a cada afirmação, fundamentá-lo em relatórios teóricos e fenomenológicos de pesquisadores e práticos de reputação, o projeto geral é obviamente metateórico e estimulante, e é oferecido de acordo com esse espírito. Mas, uma vez que começamos a contemplar a totalidade do espectro do crescimento e desenvolvimento humanos, uma quantidade extraordinariamente rica de material se torna disponível para o trabalho metateórico e surge uma variedade de conexões novas que antes não eram aparentes, enquanto uma riqueza de hipóteses para pesquisa futura fica imediatamente disponível. Por outro lado, sistemas analíticos, psicológicos e espirituais diferentes, antes aparentemente incompatíveis ou mesmo contraditórios, parecem estar mais perto da possibilidade de uma síntese ou reconciliação mutuamente enriquecedora.

Este trabalho ofereceu essa abordagem de um espectro total, mais para mostrar as enormes possibilidades que oferece do que para chegar a conclusões definitivas; se esse tipo de modelo for útil para alcançar modelos melhores, terá servido ao seu propósito. Na minha opinião, dado o estado do conhecimento de que dispomos *na atuali-dade*, parece pouco generoso para a condição humana apresentar modelos *menos* compreensivos, modelos que não levem em consideração tanto os domínios convencionais *quanto* os contemplativos do crescimento e desenvolvimento do ser humano.

Nota à Parte I

1. A teoria das relações do objeto é um nome genérico para diversas escolas de teoria psicanalítica que começaram a dar ênfase não só ao sujeito do desenvolvimento mas também a suas relações com o mundo do objeto. A psicologia clássica da libido, dessa forma, deu origem a duas escolas um tanto diferentes de teoria analítica: a psicologia psicanalítica do ego (Anna Freud, Heinz Hartmann) e a teoria das relações do objeto (Fairbairn, Winnicott, Guntrip), a primeira enfatizando o sujeito do desenvolvimento, a última ressaltando-lhe os objetos (i. e., a primeira tende a salientar a natureza, a última, a formação [Gedo, 1981; Blanck & Blanck, 1974]). A maior parte das escolas psicanalíticas de hoje se valem de uma combinação de ambas as teorias, porém, como destaca Gedo, essas duas teorias, do modo como em geral são apresentadas, na verdade são incompatíveis essencialmente, e ninguém até agora aparentemente teve êxito em integrá-las satisfatoriamente numa estrutura coerente.

Acredito que o motivo principal disso seja que ambas as escolas contêm aspectos confusos ou reducionismos — remanescentes dos "aspectos ruins" da psicologia da libido. Por exemplo, a psicologia do ego ainda se inclina a se atolar na psicologia dos impulsos; apresenta poucas teorias da motivação que não contam implicitamente com a libido (e. g., ver a tentativa de Blanck & Blanck [1979] quanto a reformular a motivação por meio da reformulação da libido). A meu ver, essas abordagens tendem a desprezar o fato de que *cada* estrutura fundamental poderia ter suas próprias motivações, forças ou impulsos de necessidade intrínsecos (para o alimento físico, o emocional, o conceitual, o espiritual, etc.); o fato de que o sistema do *self* tem seus *próprios* impulsos (preservar, negar, ascender, descer); e de que nenhum desses deveria ser confundido com os outros, tampouco deveria derivar deles, além de não reduzir-se a eles. A psicologia dos impulsos tende a se ocupar da dinâmica de *uma* estrutura básica da existência (fantasmagórica-emocional) e fazer dela os impulsos fundamentais para todas as outras estruturas básicas *e* para o sistema do *self*!

A teoria das relações do objeto, por outro lado, tentou apresentar uma teoria adequada da motivação, transformando os padrões das antigas relações do objeto nos motivadores do desenvolvimento subseqüente; entretanto, como Gedo salientou, essa não é só uma forma sutil de reducionismo — ela também *implica* basear-se predominantemente no condicionamento ambiental.

Na minha opinião, a teoria das relações do objeto também não conseguiu diferenciar claramente entre dois tipos de "objeto" — os das estruturas básicas ("objetos básicos") e os do sistema do *self* ("objetos do *self*"). *Os objetos básicos* incluem objetos físicos, emocionais, de imagem, conceituais, normativos, psíquicos e sutis (não existem objetos causais; causal é o estado da consciência-sem-objeto). Esses objetos básicos são os "níveis de alimento" que correspondem às *necessidades estruturais básicas* de cada degrau na escada da existência — a necessidade de alimento físico, a necessidade de intercâmbio de comunicação, a necessidade de reflexão formal, a necessidade de envolvimento espiritual e assim por diante — impulsos de necessidade reais e genuínos que refletem as exigências ou necessidades *estruturais* de cada nível básico da existência (Wilber, 1981b).

Os *objetos do self*, por outro lado, são objetos básicos de que o sistema do *self* se apropria em cada estágio do seu desenvolvimento — os de importância fundamental para a sua própria sensação de identidade e individualidade (e por vezes constitutivos desse sentido). Por outras palavras, os objetos do *self* são objetos básicos que também servem como objetos fundamentais do *self* em cada estágio do seu desenvolvimento. Por exemplo, se estou pensando num teorema matemático, esse teorema é um *objeto básico formal* da minha mente; se eu *inventei* o teorema, contudo, e penso nele como sendo *meu,* ou se estou muito apegado a ele, então, não se trata apenas de um objeto básico na minha mente, mas de um objeto do *self* no meu ego. Para um bebê em fase de amamentação, a mãe não é só um objeto básico físico para fornecer alimentação — ela é também um objeto do *self* que dispensa cuidados fundamentais e as primeiras informações quanto à identidade. A mãe não apenas alimenta o corpo; alimenta também o *self.*

Em outras palavras, os objetos do *self* são objetos básicos que não só satisfazem as necessidades estruturais básicas, mas também as *necessidades do self* correlatas (ver Tabela 2). Usando a hierarquia de Maslow como exemplo, a necessidade estrutural básica, digamos, do degrau 5 é o "alimento para o pensamento" reflexivo formal, um real *impulso-necessidade* de pensar, comunicar e trocar idéias; entretanto, a necessidade do *self* correspondente é a auto-estima reflexiva e, assim, quaisquer objetos básicos da mente formal, que, por sua vez, também se tornem importantes nas próprias necessidades de auto-estima, passam a ser *objetos do self*. Os objetos básicos se tornam objetos do *self* quando de algum modo estão associados ao "eu", ao "a mim" ou ao "meu".

Dessa forma, existem estruturas básicas e objetos básicos, existem as estruturas do *self* e os objetos do *self*. Na minha opinião, a impossibilidade de distinguir esses objetos radica no centro de algumas das confusões que afetam a teoria das relações do objeto. Essas confusões recrudesceram recentemente em função da introdução de Kohut do que ele chama "objetoself" (sem hífen), que eu definiria como objetos do *self* sentidos não como objetos do sistema do *self* mas como *parte* desse sistema, caso em que podem de fato ser chamados "objetoself". A descrição de Kohut desses objetoself é uma contribuição extremamente importante para esse campo, no entanto, tendeu a aumentar a confusão quanto ao que constitui exatamente um objeto, um objeto-*self* e um objetoself.

Kohut também sugeriu que o desenvolvimento do *self* ("o desenvolvimento narcisista"), procede independentemente do desenvolvimento do objeto da libido, o qual, na opinião dos teóricos das relações do objeto, é impossível, porque esses teóricos acreditam que o *self* e as relações do objeto se desenvolvem de modo correlato. Aqui, contudo, esses teóricos de novo ignoram a diferença entre objetos básicos e objetos do *self*. As estruturas básicas e os objetos básicos se desenvolvem de modo correlato, e as estruturas do *self* e os objetos do *self* se desenvolvem correlativamente, mas as estruturas básicas/objetos e as estruturas do *self*/objetos necessariamente não se desenvolvem de modo correlato. O desenvolvimento da libido *como tal* é um desenvolvimento de estrutura básica, e, evidentemente, é em grande parte independente do desenvolvimento da estrutura do *self*, ainda que, como vimos, no desenvolvimento F-2 seja *virtualmente* idêntico, simplesmente pelo fato de que o sistema do *self*, em F-2, está *identificado* com a estrutura básica da libido. Pela mesma razão, nós distinguimos o estágio edípico, que é uma fase do desenvolvimento do *self*, do estágio fálico, que é um desenvolvimento da estrutura básica da libido.

Embora eu não possa indicar nesta breve nota de que modo uma análise espectral poderia lidar com esses e com outros problemas relacionados, talvez se tenha dito o bastante para indicar como uma abordagem *não-reducionista* da motivação, a par de uma distinção entre estruturas básicas/objetos e estruturas do *self*/objetos, poderia não só permitir uma reconciliação da psicologia do ego e da psicologia do objeto, mas também criar condições para a aceitação dos sujeitos *e* objetos fenomenologicamente superiores que aparecem no desenvolvimento superior e contemplativo.

Bibliografia

Abend, S., Porder, M. e Willick, M., *Borderline Patients: Psychoanalytical Perspective*, Nova York, International Univ. Press, 1983.
Adler, G., *Dynamics of the Self*, Londres, Coventure, 1979.
Alexander, F., "Buddhist Training as an Artificial Catatonia (The Biological Meaning of Psychic Occurrences)", *Psychoanalytic Review*, 1931, 18, 129-45.
Allport, G. *Becoming*, New Haven, Yale Univ. Press, 1955.
Aquino, T., *Summa Theologiae*, 2 Vols., Nova York, Doubleday/Anchor, 1969.
Arieti, S., *Interpretation of Schizofrenia*, Nova York, Brunner, 1955.
Arieti, S., *The Intrapsychic Self*, Nova York, Basic Books, 1967.
Aurobindo, *The Life Divine* e *The Synthesis of Yoga*, Pondicherry, Centenary Library, XVIII-XXI.
Avalon, A., *The Serpent Power*, Nova York, Dover, 1974.
Baldwin, J., *Thought and Things*, Nova York, Arno Press, 1975 (1906-15).
Bandura, A., *Social Learning Theory*, Nova York, General Learning Press, 1971.
Beck, A., Rush, A., Shaw, B., e Emery, G., *Cognitive Therapy of Depression*, Nova York, Guilford Press, 1979.
Becker, E., *The Denial of Death*, Nova York, Free Press, 1973.
Berne, E., *What do You Say After Your Say Hello?*, Nova York, Bantam, 1972.
Binswanger, L., "Existential Analysis and Psychotherapy", in F. Fromm-Reichmann & J. Moreno (orgs.), *Progress in Psychotherapy*, Nova York, Columbia Univ. Press, 1974.

Blanck, G. e Blanck, R., *Ego Psychology: Theory and Practice*, Nova York, Columbia University Press, 1974.

Blanck, G. e Blanck, R., *Ego Psychology II: Psychoanalytic Developmental Psychology*, Nova York, Columbia University Press, 1979.

Blofeld, J., *The Tantric Mysticism of Tibet*, Nova York, Dutton, 1970.

Blos, P., *On Adolescence: A Psychoanalytic Interpretation*, Nova York, Free Press, 1962.

Boss, M., *Psychoanalysis and Daseinsanalysis*, Nova York, Basic Books, 1963.

Bowlby, M., *Attachment and Loss*, 2 Vols. Nova York, Basic Books, 1973.

Boyer, L. e Giovacchini, P., *Psychoanalytic Treatment of Characterological and Schizophrenic Disorders*, Nova York, Aronson, 1967.

Branden, N., *The Psychology of Self-Esteem*, Nova York, Bantam, 1971.

Brandt, A., "Self-Confrontations", *Psychology Today*, outubro de 1980.

Broughton, J., *The Development of Natural Epistemology in Adolescence and Early Adulthood*, Tesis Doctoral, Harvard, 1975.

Brown, D., P., A Model for the Levels of Concentrative Meditation, *Internat. J. Clinical Exper. Hypnosis*, 1977, 25, 236-73.

Brown, D. P., e Engler, J., "A Roscharch Study of the Stages of Mindfulness Meditation", J. Transpersonal Psychol., 1980, 12.

Carrington, P. e Ephron, H., "Meditation as an Adjunct to Psychotherapy". In S. Arieti & G. Chrzanowski (orgs.), *The World biennial of Psychotherapy and Psychiatry*, 1975.

Clifford, T., *Tibetan Buddhist Medicine and Psychiatry*, York Beach, ME: Samuel Weiser, 1984.

Chang, G., *Teachings of Tibetan Yoga*, Secaunus, N.J., Citadel. 1974.

Da Free John, *The Paradox of Instruction*, San Francisco, Dawn Horse, 1977.

Da Free John, *The Enlightenment of the Whole Body*, San Francisco, Dawn Horse, 1978.

Deutsche, E., *Advatia Vedanta*, Honolulu, East-West Center, 1969.

Ellis, A., *Humanistic Psychotherapy: The Rational-Emotive Approach*, Nova York, McGraw-Hill, 1973.

Engler, J., "Therapeutic Aims in Psychotherapy and Meditation: Developmental Stages in the Representation of Self", *J. Transpersonal Psychol*, 1984, 16, 1, 25-61.

Engler, J., "Vicissitudes of the Self According to Psychoanalysis and Buddhism: A Spectrum Model of Object Relations Development", *Psychoanalysis and Contemporary Thought*, 1983a, 6, 1, 29-72.

BIBLIOGRAFIA 139

Evans-Wentz, W., *Tibetan Yoga and Secret Doctrines*, Londres, Oxford Univ. Press, 1971. [A Ioga Tibetana e As Doutrinas Secretas, publicado pela Editora Pensamento, São Paulo, 1987.]

Feuerstein, G. *Textbook of Yoga*, Londres: Rider, 1975.

Gard, R., *Buddhism*, Nova York, Braziller, 1962.

Gedo, J., *Beyond Interpretation: Toward a Revised Theory for Psychoanalysis*, Nova York, International Univ. Press, 1979.

Gedo, J., *Advances in Clinical Psychoanalysis*, Nova York, International Univ. Press, 1981.

Goleman, D., *The Varieties of Meditative Experience*, Nova York, Dutton, 1977.

Greenson, R., *The Technique and Practice of Psychoanalysis*, Nova York, International Univ. Press, 1967.

Greist, J., Jefferson, J. & Spitzer, R. (orgs.), *Treatment of Mental Disorders*, Nova York, Oxford Univ. Press, 1982.

Grof, S., *Realms of the Human Unconscious*, Nova York, Viking, 1975.

Guntrip, H., *Psychoanalytic Theory, Therapy and the Self*, Nova York, Basic Books, 1971.

Haley, J. e Hoffman, L. (orgs.) *Techniques of Family Therapy*, Nova York, Basic Books, 1968.

Hixon, L., *Coming Home*, Nova York, Anchor, 1978.

Jacobson, E., *The Self and Object World*, Nova York, International Univ. Press, 1964.

Jung, C. G., *The Portable Jung*, J. Campbell (org.), Nova York, Viking, 1971.

Kapleau, P., *The Three Pillars of Zen*, Boston, Beacon, 1965.

Kelley, G., *The Psychology of Personal Constructs*, Vols 1 e 2. Nova York, Norton, 1955.

Kernberg, O., *Borderline Conditions and Pathological Narcissism*, Nova York, Aronson, 1975.

Kernberg, O., *Object Relations Theory and Clinical Psychoanalysis*, Nova York, Aronson, 1976.

Khetsun Sangpo Rinbochay, *Tantric Practice in Nying-Ma*. Ithaca, NY, Gabriel/ Snow Lion, 1982.

Koestenbaum, P., *Is There an Answer to Death?*, Nova York, Prentice Hall, 1976.

Kohlberg, I., *Essays on Moral Development*, Vol. 1, São Francisco, Harper & Row, 1981.

Kohut, H., *The Analysis of the Self*, Nova York, International Univ. Press., 1971.

Kohut, H., *The Restoration of the Self*, Nova York, International Univ. Press, 1977.

140 TRANSFORMAÇÕES DA CONSCIÊNCIA

Krishna, G., *The Secret of Yoga*, Londres, Turnstone Books, 1972.

Lacan, J. *Language of the Self*, Baltimore, Johns Hopkins Univ. Press, 1968.

Laing, R. D., *The Politics of Experience*, Nova York, Ballantine, 1967.

Lasch, C., *The Culture of Narcissism*, Nova York, Norton, 1979.

Lichtenberg, J., "The Development of the Sense of Self", *J. American Psychoanalytic Assoc.*, 1975, 23.

Loevinger, J., *Ego Development*, San Francisco, Jossey-Bass, 1976.

Loewald, H., *Psychoanalysis and the History of the Individual*, New Haven, Yale Univ. Press, 1978.

Longchenpa, *Kindly bent to Ease Us*, 3 Vols. H. Guenther (trad.), Emeryville, CA, Dharma Press, 1977.

Lowen, A., *The Betrayal of the Body*, Nova York, Macmillan, 1967.

Luk, C., *Ch'an and Zen Teaching*, 3 Vols. Londres, Rider, 1962.

Maddi, S., "The Existential Neurosis". *J. Abnormal Psychol.*, 1967, 72.

Mahasi Sayadaw, *Progress of Insight*, Kandy, Buddhist Publ. Society, 1965.

Mahler, M., Pine, F., e Bergman, A., *The Psychological Birth of the Human Infant*, Nova York, Basic Books, 1975.

Maliszewsky, M., Twemlow, S., Brown D., e Engler, J., "A Phenomenological Typology of Intensive Meditation: a Suggested Methodology Using the Questionnaire Approach", *Re-Vision*, 1981, 4.

Marin, P., "The New Narcissism", *Harper's*, outubro de 1975.

Maslow, A., *Motivation and Personality*, Nova York, Harper & Row, 1954.

Maslow, A., *Toward a Psychology of Being*, Nova York, Van Nostrand Reinhold, 1968.

Maslow, A., *The Further Reaches of Human Nature*, Nova York, Viking, 1971.

Masterson, J. (org.), *New Perspectives on Psychotherapy of the Borderline Adult*, Nova York, Brunner/Mazel, 1978.

Masterson, J., *The Narcissistic and Borderline Disorders*, Nova York, Brunner/Manzel, 1981.

May, R., *Love and Will.* Nova York, Norton, 1969.

May, R., *The Meaning of Anxiety* (ed. rev.), Nova York, Norton, 1977.

May, R., Angel, E. e Ellenberger, H., orgs., *Existence*, Nova York, Basic Books, 1958.

Mead. G., *Mind, Self, and Society*, Chicago, Univ. Chicago Press. 1934.

Meyer, J., *Death and Neurosis*, Nova York, International Univ. Press, 1975.

Mishra, R., *Yoga Sutras*, Garden City, Nova York, Anchor Press, 1973.

Mookerjee, A., *Kundalini.* Nova York. Destiny Books, 1982.

BIBLIOGRAFIA

Mookerjee, R. (trad.), *The Song of the Self Supreme (Astavakra Gita)*, San Francisco, Dawn Horse, 1971.

Murphy, G., *Human Potentialities*, Nova York, Basic Books, 1958.

Nagera, H., *Early Childhood Disturbances, the Infantile Neuroses and the Adult Disturbances*, Nova York, International Univ. Press. 1966.

Neumann, E., *The Origins and History of Consciousness*, Princeton, Princeton Univ. Press, 1973. [História da Origem da Consciência, publicado pela Editora Cultrix, São Paulo, 1990.]

Nichols, M., *Family Therapy*, Nova York, Gardner Press, 1984.

Nyanamoli, B. (trad.), *Visuddhimagga: The Path of Purification by Buddhaghosha*, 2 Vols., Boulder, CO, Shambhala, 1976.

Perls, F., *Gestalt Therapy Verbatim*, Nova York, Bantam, 1971.

Piaget, J., *The Essential Piaget*, Gruber & Voneche (orgs.), Nova York, Basic Books, 1977.

Ramana Maharshi., *The Collected Works*, Londres, River, 1972.

Rieker, H., *The Yoga of Light*. San Francisco, Dawn House, 1971.

Rinsley, D., "An Object Relations View of Bordeline Personality", In Harttocollis, P. (org.), *Borderline Personality Disorders*, Nova York, International Univ. Press, 1977.

Rogers, C., *On Becoming a Person*, Boston, Houghton Mifflin, 1961.

Rowan, J., *The Transpersonal, Psychotherapy and Counselling*, Londres Routledge, 1993.

San Juan De La Cruz., *La Noche Oscura del Alma.*

Schaya, L., *The Universal Meaning of the Kabbalah*, Baltimore, Penguin, 1973.

Schuon, F., *Logic and Transcendence*, Nova York, Harper & Row, 1975.

Segal, H., *Introduction to the Work of Melanie Klein*, Nova York, Basic Books, 1974.

Selman, R. e Byrne, D. A Structural Analysis of Levels of Role-Taking in Middle Childhood. *Child Development*, 1974. 45.

Singh, J. (trad.), *Pratyabhijnahrdayam*, Delhi, Motilal Banarsidass, 1980.

Singh, K., *Naam or Word*, Tilton, NH, Sant Boni Press, 1974.

Singh, K., *Surat Shabd Yoga*, Berkeley, Images Press, 1975.

Smith, H., *Forgotten Truth*, Nova York, Harper & Row, 1976.

Speck, R. e Attneave, C., *Family Networks*, Nova York, Pantheon, 1973.

Spitz, R., *A Genetic Field Theory of Ego Formation*, Nova York, International Univ. Press, 1959.

Spitz, R., *The First Year of Life*, Nova York, International Univ. Press, 1965.

Stone, M., *The Borderline Disorders*, Nova York, McGraw-Hill, 1980.

Sullivan, H., *The Interpersonal Theory of Psychiatry*, Nova York, Norton, 1953.

Suzuki, D. T., *Studies in the Lankavatara Sutra*, Londres, Routledge & Kegan-Paul, 1968.

Suzuki, D. T., *Essays in Zen Buddhism*, 3 Vols., Londres, Rider, 1970.

Taimni, I., *The Science of Yoga*, Wheaton, Quest, 1975.

Takakusu. J., *The Essentials of Buddhist Philosophy*, Honolulu, Univ. Hawaii Press, 1956.

Tart, C., *States of Consciousness*, Nova York, Dutton, 1975a.

Tart, C., *Transpersonal Psychologies*, Nova York, Harper & Row, 1975b.

Thondrup Tulku, *Buddhist Civilization in Tibet*, Santa Cruz, CA, Maha Siddha Nyingmapa Center, 1982.

Tillich, P., *The Courage to Be*, New Haven, Yale Univ. Press, 1952.

Tolpin, M., "On the Beginnings of a Cohesive Self", *The Psychoanalytic Study of the Child*, 1971, 26. Nova York, Quadrangle Books.

Tolstoy, L., *My Confession, my Religion, the Gospel in Brief*, Nova York, Scribners, 1929.

Trungpa, C., *The Myth of Freedom*, Berkeley, Shambhala, 1976. [O Mito da Liberdade e o Caminho da Meditação, publicado pela Editora Cultrix, São Paulo, 1988.]

Underhill, E., *Mysticism*, Nova York, Meridian, 1955.

Venkatesananda (trad.), *The Supreme Yoga*, Austrália, Chiltern, 1981.

Watzlawick, P., Beavin, J. e Jackson, D., *Pragmatics of Human Communication*, Nova York, 1967.

Werner, H., *Comparative Psychology of Mental Development*, Nova York, International Univ. Press, 1964 (1940).

White, J., *Kundalini, Evolution and Enlightenment*, Nova York, Anchor, 1979.

Wilber, K., *The Spectrum of Consciousness*, Wheaton, Quest, 1977. [O Espectro da Consciência, publicado pela Editora Cultrix, São Paulo, 1990.]

Wilber, K., "A Developmental View of Consciousness". *J. Transpersonal Psychology*, 1979, 11.

Wilber, K., *The Atman Project*, Wheaton, Quest, 1980.

Wilber, K., "Ontogenetic Development: Two Fundamental Patterns", *J. Transpersonal Psychol.*, 1981a, 13.

Wilber, K., *Up From Eden*, Nova York, Doubleday/Anchor, 1981b.

Wilber, K., *A Sociable God*, Nova York, McGraw-Hill, 1982. [Um Deus Social, publicado pela Editora Cultrix, São Paulo, 1987.]

Wilber, K., *Eye to Eye*, Nova York, Doubleday/Anchor, 1982.

Wilber, K., Engler, J. e Brown, D., *Transformations of Consciousness. Conventional and Comtemplative Perspectives on Development*, Boston, Shambhala, 1986.

Wilde, J. & Kimmel, W. (orgs.), *The Search for Being*, Nova York, Noonday, 1962.

Winnicott, D., *Collected Papers,* Nova York, Basic Books, 1958.

Winnicott, D., *The Maturational Process and the Facilitating Environment*, Nova York, International Univ. Press, 1965.

Yalom, I., *Existential Psychotherapy*, Nova York, Basic Books, 1980.

Yogeshwarand Saraswati, *Science of Soul*, Índia, Yoga Niketan, 1972.

Zimmerman, M., *Eclipse of the Self*, Athens, Oh, Ohio Univ. Press, 1981.

tel.: 25226368